Latinos Católicos en Estados Unidos

Omar Aguilar

Omar Aguilar PRESS
Dallas, TX

Aclaración de términos y citas bíblicas:

Encontraran intercambiado el uso de Latino e Hispano a lo largo del libro, confió que más allá de la discrepancia que pueda existir que si hispano es para los de habla española y que si latino es solo para Latinoamérica reconozcamos que para el resto del país somos latinos e hispanos y que con alegría nos reconozcamos como tales, Hispanos y Latinos.

Todos los textos bíblicos son tomados de la Biblia Católica para la Familia, Editorial Verbo Divino.

Copyright © 2020 by Omar Aguilar.

All rights reserved. No part of this publication may be reproduced, distributed or transmitted in any form or by any means, including photocopying, recording, or other electronic or mechanical methods, without the prior written permission of the publisher, except in the case of brief quotations embodied in critical reviews and certain other noncommercial uses permitted by copyright law. For permission requests, write to the publisher, addressed "Omar Aguilar Press" at the address below.

Book design by Olivia Arratia
Omar Aguilar/Omar Aguilar Press
2800 Valwood Parkway
Farmers Branch, TX, 75234

maryimmaculatechurch.org

Book Title/ Author Name. —1st ed.

Contenido

1. 1.El Castigo de ser Católico..........10
2. 2.¡Hijos de la televisión!..........29
3. Sacramentalidad.......... 36
4. La Esquizofrenia Sexual..........46
5. Siglo XXI El Siglo Del Conocimiento.......... 62
6. Amando al prójimo, no olvides voltear la otra mejilla: 72
7. Que todas las creaturas te alaban Señor, Dios en su creación.......... 80
8. A Contra la Cultura de Muerte..........87
9. Bendita Juventud..........97
10. Un tiempo para detenerse..........106

i

Agradecimientos:

A Dios gracias por toda la paciencia y el amor, por todos los santos y ángeles que en mi camino me ha dado en especial mis padres por todo su amor y siempre estar ahí en las de azúcar y las de sal, ¡los amo!

Gracias por el amor y el testimonio de perseverancia de mis hermanas y toda la familia -un verdadero testimonio de lo que los hispanos podemos lograr- a cada uno de mis seres queridos gracias por darme animo con su ejemplo de vida.

A todos los sacerdotes, religiosos, religiosas y diáconos que de una u otra forma han sido parte y siguen siendo de mi aun largo camino de vida y fe, Padre Mario García O.F.C. Cap. Padre Gerardo Arraíza O.F.M. Cap. Monseñor Obispo Jose Balbuena (¡casi llegamos a los cinco años!). Padre Wilmer Dasa. Diacono Daniel Segovia, gracias a todos por las palabras, testimonio y la confianza.

Especialmente:

Diacono Ricardo Moreno, por el apoyo y la revisión de los primeros borradores de este libro, ¡gracias cuñado!

Padre Agustino Torres C.F.R. por todas las oportunidades y el ejemplo de amor y servicio a nuestra gente en especial nuestros jóvenes ¡ahí nos vamos!

Padre Cruz Calderón, por la revisión del texto y por todo el amor para la familia, ¡gracias compadre!

Padre Michael Forge, gracias por el apoyo a realizar este proyecto, ¡thanks boss!

A mi esposa e hijos:

Corazón, pudiéramos escribir mil libros de las aventuras de nuestra vida, te amo y que bendición ser tu esposo, que bendición son cada uno de nuestros hijos, que Dios nos permite amarlos y encaminarlos hacia El, que logren sus metas y que sean una bendición para su familia y para el prójimo. ¡Que nunca olviden sus raíces y su fe, recuerden "always look up" los amo años!

Introducción

¿Pero cómo que nunca has probado una pupusa? Qué tal una arepa, ¿colombiana o venezolana? Arroz con gandules o Mangú dominicano. ¿Tacos al pastor? y que me decís que un asado argentino.

Estas maravillosas opciones culinarias se pueden conseguir en una misma cuidad, es más muchas veces en un mismo vecindario. Hoy Estados Unidos de América, la tierra de la libertad y el sueño americano es más latino que nunca con una población de aproximadamente del 18.5 % del país, esto a mediados del año 2020.[1] Como latinos vivimos tiempos muy emocionantes llenos de retos y logros, nuestras familias crecen y nuestros hijos se abren camino en el país y el mundo. Como católicos vemos como cada día nuestras iglesias son mantenidas vivas por la presencia, fe y ánimo de nuestras familias y en muchas ya no cabemos. La doble bendición de ser latinos y católicos es el mejor regalo que le podemos dar a Los Estados Unidos de América.

Un regalo que no es fácil de entregar y que muchas veces parece que no quiere ser recibido. Estamos en medio de cambios sociales muy profundos que buscan transformar radicalmente a el país, vemos como ideologías erróneas nos venden una falsa libertad, una falsa concepción de lo que significa ser persona, la verdad ha sido vetada y aquel que se

[1] https://www.census.gov/quickfacts/fact/table/US/PST045219

atreve a decirla es condenado como criminal sin derecho a réplica. Es por eso debemos de valorar y entender la doble bendición que Estados Unidos tiene en todos nosotros, los Católicos Latinos de América. Este pequeño libro es un esfuerzo para ayudarnos a entender los grandes retos que vivimos hoy y a la vez es una invitación a no perder la esperanza de que Dios está con nosotros ayer hoy mañana y siempre. Necesitamos estar preparados para los retos y preguntas que el mundo moderno nos tira en cara.

Este pequeño libro es también una ventana dentro de la Iglesia Católica en Estados Unidos, la institución más inclusiva en la historia del país, mucho antes de que esta nación existiera la Iglesia Católica ya camina por aquí y eso es algo que debemos celebrar y nos debe dar ánimo para seguir adelante, mi oración es que después de leer estas páginas todos nos sintamos animados y bendecidos de ser católicos y latinos.

Así comienza "Latinos Católicos USA" que nos invita a una reflexión acerca de nuestro mundo moderno de lo que debemos saber y hacer como católicos y latinos para proteger nuestras familias y compartir nuestra fe. Este pequeño libro es también la experiencia de vida de muchos latinos que día a día vamos intentando vivir nuestra fe.

En el libro de "Análisis Social"[2] el escritor Joe Holland habla acerca de la sociedad y la civilización. Holland se refiere a la

---

[2] Joe Holland, Peter Henriot, SJ "Social Analisis" Linking Faith and Justice. Prefacio

sociedad como un punto de encuentro entre la economía y la política; en cambio, argumenta que civilización es algo más profundo; civilización conlleva un énfasis en cultura y religión.

De aquí deseo partir en esta aventura, de reconocer que ante los retos de hoy día debemos buscar darle sentido a nuestra vida y nuestra fe para afrontar los grandes cambios sociales de nuestra era y como debemos de afrontar estos retos con esperanza y ánimo. Jesús nos ha llamado desde todos los rincones de nuestra bella Latinoamérica a emigrar hacia el norte, todos tenemos una historia como inmigrantes, los que tenemos generaciones aquí y los que vamos llegando. Los números son bien claros, hoy día somos aproximadamente el 18% de la población de los Estados Unidos y con los altos índices de natalidad en nuestra comunidad, este número seguirá en aumento.

Que emoción que nuestra comunidad este cada día más presente en la sociedad norteamericana, pero a la misma vez esto es un reto enorme; no se trata solo de números, acá estamos hablando de hombres y mujeres que son y serán el futuro de esta gran nación, estamos hablando de sueños, de proyectos, de planes e ilusiones. Estamos hablando del futuro de los Estados Unidos y como será ese futuro si nosotros nos atrevemos a dar lo mejor de nosotros.

Estamos hablando de cada uno de nosotros y de nuestros hijos. Hoy América nos necesita sólidos en nuestra fe para salvar a la sociedad y transformar esta civilización en una civilización de amor como San Juan Pablo II nos invitó. Ser católico es una realidad incomoda, seguir a Jesús es un reto mayor, no hay camino fácil ni atajo, se requiere un compromiso serio, aun con debilidades y fallas, el compromiso no puede ser a medias porque en esto está la salvación de nuestra sociedad. Una sociedad que cada vez está más dividida y alejada de Dios, una sociedad que cada día es más egoísta y solitaria. Hoy día necesitamos salir a llevar la Buena Nueva por todos los caminos y veredas donde transitemos. Ser católico y Latino es una doble bendición para Estados Unidos, la belleza de nuestras culturas con la plenitud del Evangelio, son razones mayores para sentirnos felices y animados.

Con una serie de cuestiones básicas y del día a día, animémonos a ser luz para nuestra sociedad y darle sabor y sentido a estos tiempos que se tornan oscuros por la ausencia de Buenas Noticias. Vamos a crear desde adentro, una civilización de amor, en donde la dignidad humana y la justicia social sean guiadas por el Evangelio, una civilización que no sea ajena a Jesús.

¿Qué quieren? Ellos le respondieron: Rabí – que traducido significa Maestro - ¿Dónde vives?
Vengan y lo verán

Juan 1,38-39

1. El Castigo de ser Católico

San Junípero Serra, los inmigrantes irlandeses y la ola hispana del siglo XX

El catolicismo en Estados Unidos no ha tenido una existencia sencilla, "los papistas" eran personas non-gratas en las colonias inglesas que emigraron desde Europa a tierras americanas en el siglo XVII, no fue hasta la llegada de los primeros emigrantes irlandeses qué debido a la terrible hambruna llegaron a Estados Unidos a mediados del siglo XIX donde el catolicismo hizo acto de presencia en Estados Unidos de manera concreta. La terrible hambruna que por siete años castigo los cultivos de papa en Irlanda obligo a una masiva migración hacia territorio americano de familias y comunidades enteras que desde su llegada fueron vistos como invasores "Los irlandeses en Boston estuvieron durante mucho tiempo destinados a seguir siendo un bulto masivo en la comunidad, sin digerir, indigestible" escribió el historiador Oscar Hardin.[3]

> En los Estados Unidos de esa época se pensaba que uno no podía ser buen americano y católico a la vez, es decir para ser verdadero americano había que dejar de ser católico. Aun y con esta dura sentencia el catolicismo continuo su marcha.

Esta ola de inmigrantes realizaba los trabajos más duros y peligrosos haciendo a menudo los trabajos menos pagados; limpiaban casas, cortaban canales, cavaron trincheras para agua y tuberías de alcantarillado, trabajaban en líneas de ferrocarril, trabajaban en establos y fábricas textiles hasta el punto de esclavitud. El odio hacia estos nuevos inmigrantes llego al punto de ebullición, que ciertas sociedades secretas se formaron para hacer frente a esta invasión y detener el avance de los papistas. Así es, no solo era el hecho que eran inmigrantes lo que los convertía en enemigos públicos, era su fe católica lo que era más repudiado en Estados Unidos, se creía que habían sido mandados por el Papa para establecer un nuevo Vaticano en América.

El odio era tal, que el fatídico "Lunes Sangriento" del 6 de agosto de 1855 en Louisville, Kentucky el sacerdote Karl Boeswald y más de veinte personas - quizás más de cien como algunos historiadores reportan perdieron la vida en un ataque coordinado a católicos irlandeses y alemanes. Iglesias y propiedades fueron saqueadas y quemadas en este lunes fatal. Todo para evitar que ellos participaran del proceso electoral y salieran a votar. Pero aun con todos estos retos y trágicas circunstancias los católicos irlandeses no se amedrentaron y tan solo 25 años después del fatídico "Lunes Sangriento" en 1880 William R. Grace se convertiría en el primer alcalde irlandés católico de la ciudad de Nueva York. Cuatros años después Hugh O'Brien haría lo mismo al convertirse en el primer alcalde católico de Boston, Massachusetts. Con esto el catolicismo se empezó a abrir paso en la emergente nación, las circunstancias adversas obligaron a los católicos a unirse y trabajar en conjunto para obtener una voz en la sociedad norteamericana de la época.[4]

La ignorancia y el odio sin fundamento hacia el catolicismo habían tenido una página negra que ahora estaba dando vuelta y a partir de estas adversidades el catolicismo entra a formar parte de la vida en Estados Unidos.

Los indeseables inmigrantes católicos a base de sangre y persistencia logran consolidar su presencia y hacer oír su voz, con el sudor de su frente y con el apoyo de sus familias logran lo que parecía imposible: tener voz y voto propios.

Pero esta no es la primera vez que el catolicismo se aventuraba en tierras americanas, ¡o no! Siglos antes, un hombre de Dios se aventuró a conquistar estas tierras para Dios.

---

[4] http://www.history.com/news/when-america-despised-the-irish-the-19th-centurys-refugee-crisis

San Junípero Serra, precursor y fundador de América

El Papa Francisco cree que San Junípero Serra debería ser honrado como uno de "los padres fundadores de Los Estados Unidos"
Arzobispo José H. Gómez Misa Roja Washington D.C. octubre 01 2017 [5]

Junípero Serra misionero franciscano a mediados del siglo XVIII llego a la Alta California vía México acompañado de un grupo de quince misioneros. Estos se dieron a la tarea de evangelizar y servir a los indígenas en California, su misión no era solo proclamar el Evangelio, los misioneros ayudaron a los indígenas a desarrollar técnicas de agricultura, ganadería, les enseñaron principios básicos de construcción, así como también les ayudaron a sembrar y a criar animales; es decir, el pleno concepto de la Doctrina Social de la Iglesia en total ejercicio antes de que fuese conocido como tal.

¿Y cuál ha sido el impacto de San Junípero Serra en la cultura americana?

Por solo mencionar dos aspectos; San Junípero Serra en 1769 introdujo el cultivo de la uva en California, así que la mundialmente famosa cultura del buen vino californiano comenzó con un pobre fraile franciscano.[6]

---

[5] https://www.archbishopgomez.org/article/national-red-mass-911

Por otra parte, fue el primer gran defensor de los derechos de los indios nativos americanos.

"San Junípero Serra también lucho por la dignidad de los indígenas, en un tiempo en que muchos en el gobierno colonial de California negaban los derechos humanos de los indígenas San Junípero Serra fue un campeón de esta causa. Incluso redacto una "Carta de Derechos" para protegerlos. Todo esto tres años antes de la Declaración de Independencia de Los Estados Unidos... Recordar a San Junípero Serra y los primeros misioneros cambia como recordamos nuestra historia nacional. Nos recuerda que el origen de América no fue político sino espiritual. Los misioneros vinieron primero – mucho antes de los peregrinos ingleses, mucho antes que George Washington y Tomas Jefferson. Mucho antes de que este país siquiera tuviera un nombre"[7]

Arzobispo José H. Gómez Misa Roja Washington D.C. octubre 01 2017

Con estas palabras el arzobispo José H. Gómez de la Arquidiócesis de Los Ángeles California se refería a la importancia de mantener en mente que Estados Unidos tiene raíces católicas; la fe llego en primer lugar por boca, pies y acciones de los misioneros católicos. El origen fundacional de esta nación tiene sus raíces en estos hombres de Dios tiene sus

---

https://www.library.ucdavis.edu/news/short-history-wine-making-california/#:~:text=The%20story%20of%20wine%20in,Diego%20de%20Alcal%C3%A1%20in%201769.&text=Those%20miners%20were%20a%20thirsty,for%20wine%20exploded%20as%20well.

[7] De los archivos de arzobispo José Gómez

cimientos en el Evangelio que llego a estas tierras para quedarse para que fuera conocido por todos los hombres y que, a pesar de las pruebas de hoy, esté presente en toda la nación. Muchos mártires católicos dieron su vida en estos agitados primeros siglos del inicio de la historia americana.

"Siempre adelante"

El 23 de septiembre de 2015 el fraile mallorquín fue inscrito en el libro de los santos de la Iglesia, su nombre fue elevado a los altares en una misa solemne en la Basílica del Santuario Nacional de la Inmaculada Concepción en Washington D.C. la capital de la nación, el Papa Francisco en su homilía nos recordó el lema que movió el corazón de fray Junípero Serra y que debe de animarnos hoy día a ser valientes:

> Tuvo un lema que inspiró sus pasos y plasmó su vida: supo decir, pero especialmente supo vivir diciendo: «siempre adelante». Esta fue la forma que Junípero encontró para vivir la alegría del Evangelio, para que no se le anestesiara el corazón. Fue siempre adelante, porque el Señor espera; siempre adelante, porque el hermano espera; siempre adelante, por todo lo que aún le quedaba por vivir; fue siempre adelante. Que, como él ayer, hoy nosotros podamos decir: «siempre adelante».[8]

Papa Francisco, misa de canonización de San Junípero Serra 23 septiembre 2015

---

[8] https://www.aciprensa.com/noticias/canonizacion-de-fray-junipero-serra-en-santuario-inmaculada-concepcion-de-washington-dc-93703

Venerable arzobispo Fulton Sheen y el siglo XX

Antes de que la ola latina llegara a Estados Unidos había una voz, un hombre de Dios que logro llevar el mensaje de la fe a millones de personas, su voz llego a hogares católicos y ni católicos, Venerable Arzobispo Fulton Sheen de manera casi ininterrumpida mantuvo una presencia en radio y televisión en Estados Unidos desde 1930 hasta 1969, su programa de radio "The Catholic Hour" llego a una audiencia de alrededor de cuatro millones de persona, su mundialmente conocido programa de televisión "Life is worth living" llego a tener un alcance de ¡30 millones de personas! Convirtiéndose en uno de los cinco programas más populares de la televisión americana.[9]

Qué tiempos aquellos, se imaginan un programa de radio o televisión católico que hoy día tuviera esa audiencia. El arzobispo Fulton Sheen era un excelente comunicador que cada semana reunía a millones de personas alrededor de la televisión o la radio para escuchar sus formidables explicaciones acerca del catolicismo, una ventana para que el pueblo estadounidense en su mayoría protestante conociera y explorara la fe católica, lo cual se antojaba algo extraño y ajeno para muchos.

Los grandes cambios sociales y políticos de la nación enfrentarían a partir de la década del 60 toman precedente y

---

[9] https://www.aciprensa.com/noticias/canonizacion-de-fray-junipero-serra-en-santuario-inmaculada-concepcion-de-washington-dc-93703

de nuevo el catolicismo topa de frente con la cultura. La década del 60 trajo una serie de movimientos contraculturales; la liberación sexual, el uso prolifero de drogas y una tendencia a rechazar las normas morales y valores familiares tradicionales fueron creando un gran abismo entre el catolicismo y la sociedad. Para 1968 los cambios ideológicos y sociales llegan a la cúspide con el llamado verano del amor, que tendría una serie de consecuencias nefastas.

Para 1973 la revolución sexual y todo el libertinaje social aunado a la legalización de la mal llamada pastilla anticonceptiva (ya que esta no solo previene el embarazo es también abortiva) en 1960 llevo a el mayor cambio radical en la cultura americana, la legalización del aborto. Y con esto la iglesia católica una vez más choca con la cultura americana.

Hoy día no hay tema más polarizador y que incomode más a la población en general acerca de la Iglesia Católica que la defensa de la vida, bajo la falsa idea que se respalda en su legalidad el aborto sigue siendo el punto de quiebra para muchos no católicos e incluso católicos. Esto aunado a la labor de justicia social que la iglesia hace con los más pobres, enfermos y con los inmigrantes, hacen del catolicismo el hijo incomodo de Estados Unidos. Pero no debemos olvidar que el catolicismo no es hijo, sino es más bien padre fundador de Los Estados Unidos.

Con esto en mente no debemos de sentirnos desanimados, por lo contrario, a pesar de todas las circunstancias adversas aquí seguimos, nuestra fe sigue adelante y cada día millones de católicos desde su anonimato vive el Evangelio con alegría. Recordemos también que esto no ha sido motivo que impida el seguir trabajando, abogando por el más débil y pobre por el necesitado y abandonado. Pocos nombres reconocidos, pero eso sí, miles de almas que en el silencio de sus vidas y trabajos han dado su todo para seguir proclamando el Evangelio en Estados Unidos.

Sería una obra en sí el detallar la importancia que el catolicismo a tenido en los Estados Unidos, por el momento continuemos adelante sin olvidar a aquellos hombres y mujeres que junto a San Junípero Serra hoy reconocemos como santos por su amor a Dios y al prójimo:

Santos Estadounidenses:

Santa Francisca Javier Cabrini, virgen

Santa Mariana Cope, virgen

Santa Catalina Drexel, virgen

Santa Rosa Filipina Duchesne, virgen

Santa Teodora Guérin, virgen

Santos Juan de Brébeuf e Isaac Jogues, presbíteros y compañeros mártires

San Juan Nepomuceno Neumann, obispo

Santa Isabel Ana Seton, religiosa

Santa Kateri Tekakwitha, virgen

San Damián de Veuster de Molokai, presbítero

San Junípero Serra, religioso

Santos de nuestro país !ruegen por nosotros![10]

Los latinos en América, una historia que se sigue construyendo

La historia de la presencia hispana en los Estados Unidos es compleja y se a dado en olas, desde los primeros mexicanos que se quedaron de este lado y se convirtieron en ciudadanos americanos una vez que el Tratado de Hidalgo se firmó en 1848 el cual estipulaba que México cedía más de una tercera parte de su territorio a Estados Unidos, pasando por la inmigración paulatina que la primera mitad del siglo XX vivió con programas tales como el de los "braseros" hasta la inmigración de miles de centroamericanos por los conflictos bélicos de las décadas del 70 y 80 aunado a la inmigración de suramericanos que desde la década del 90 y en este nuevo

---

[10] http://www.usccb.org/about/public-affairs/backgrounders/santos.cfm

milenio hay llegado a el país Estados Unidos ha ido adquiriendo una nueva cara, una cara muy latina una cara muy católica.[11]

Nuestra historia en América sigue siendo escrita, no hemos terminado es más vamos en camino.

Los latinos en la iglesia

Con la llegada del nuevo milenio el número de católicos en general ha ido creciendo hasta el día de hoy llegando a ser alrededor del 34% de la población general dentro de la iglesia, los jóvenes católicos constituyen el grupo demográfico más grande de la iglesia. La Conferencia de Obispos de los Estados Unidos registra los siguientes números:

> *Los latinos están presentes prácticamente en todas las diócesis en Estados Unidos.*
>
> *Más del 20% de todas las parroquias católicas en Estados Unidos tienen ministerio hispano/latino.*
>
> *Más del 80% de todas las (arqui)diócesis tienen personal diocesano que coordina el ministerio hispano/latino.*
>
> *Los hispanos/latinos constituyen más del 35% de todos los católicos en Estados Unidos.*
>
> *Desde 1960, los hispanos/latinos han contribuido con el 71% del crecimiento de la Iglesia Católica en Estados Unidos.*

---

[11] https://www.nps.gov/articles/themestudyinmigracion.htm

▪ *Más del 50% de todos los católicos en Estados Unidos menores de 25 años son de ascendencia hispana/latina.*

▪ *Hasta la fecha, 45 obispos hispanos/latinos han sido ordenados en Estados Unidos, 28 de los cuales están en activos. Ellos constituyen el 9% de los obispos católicos en Estados Unidos.*

▪ *En los últimos años, el 15% de los nuevos sacerdotes ordenados en Estados Unidos ha sido de ascendencia hispana/latina.*[12]

Estos números seguramente se incrementarán una vez que el nuevo censo del 2020 sea finalizado es por eso hoy más que nunca necesitamos todos vivir una fe más sólida y visible; en casa, en el camino y a todas horas como bien dice el libro del Deuteronomio.[13]

---

[12] http://www.usccb.org/issues-and-action/cultural-diversity/hispanic-latino/demographics/datos-demograficos-sobre-los-catolicos-hispanos-latinos-en-estados-unidos.cfm

[13] Deuteronomio 6,7

Un llamado desde el Bautismo

– ¿Qué es lo que piden a la iglesia? –Es la pregunta que le presentan a todos aquellos que llevan a sus hijos a bautizar.

–El bautismo. –Contestan los padres.

Ustedes, papás que piden el Bautismo para sus hijos deben darse cuenta de que contraen la obligación de educarlos en la fe, para que, guardando los mandamientos divinos, amen a Dios y a su prójimo, como nos enseñó ¿Se dan cuentan de la obligación que contraen?

Y ustedes, padrinos ¿están dispuestos a ayudar a los padres de estos niños a cumplir con esa obligación?

–Sí, estamos.

Ritual para el Bautismo de niños[14]

Con esta solemne petición y aceptación del compromiso bautismal los padres y padrinos del recién bautizado ahora se convierten en los primeros testigos del amor de Dios para el bautizado, padres y padrinos se les confía el cuidado de esta nueva creatura a fin de que su vida sea testimonio del amor de Dios, ya que han sido iluminados por Cristo, caminen siempre como hijos de luz y perseverando puedan salir al encuentro del Señor, con todos los Santos, cuando él vuelva.

---

[14] Ritual Para el Bautismo De Los Niños, Numero 38,39, 40.

Al recibir la luz de Cristo el bautizado, los padres y padrinos se comprometen a juntos caminar bajo el amparo de Jesús y aquí radica el corazón de la misión, caminar en la luz perseverando y confiados de ir hacia el encuentro con Jesús tal y como San Junípero Serra y los mártires de años pasados lo hicieron en estos nuestros Estados Unidos de América. La característica principal de seguir a Jesús es que no estamos solos, que este camino no lo hacemos en soledad, ahí está nuestra fuerza, en sabernos parte de una familia que es más grande de lo que podemos imaginar, pero como todo en la vida tenemos que desear ser parte de ella.

Perseverando en familia y por la familia

Cada domingo es la misma canción en la casa.

−No quiero ir a Misa, es boring "aburrido" −dice Talitha mi pequeña hija−, There's nothing to do "no hay nada que hacer en Misa".

− ¿Ya te confesaste Chiara? −pregunta Audrey mi hija mayor a su otra hermana.

−Si. −Responde Chiara.

− ¿Cuándo? Mentirosa −le reprende Audrey y terminan discutiendo.

Por otra parte, mi hijo Cristiano nos recuerda que hay que sentarnos hasta enfrente porque quiere ver todo lo que pasa en el altar. Mientras tanto mi esposa apurada viste a Gael el más pequeño. Por mi parte trato de ayudar, pero sobre todo de no estorbar para no llegar tarde a Misa. Un domingo que se repite por todo el país, un domingo que habla de nuestra realidad y de un pueblo creciente y con ganas de vivir la fe, que quiere ser parte de algo más grande, de una familia católica que se extiende.

Esta es nuestra característica como latinos y como católicos, somos jóvenes y somos familia, los retos y bendiciones están ahí, no solo cada domingo, si no todos los días. Hoy es nuestro llamado y deber de continuar la obra que inicio San Junípero Serra y que muchos otros le siguieron, hoy es nuestro tiempo, no tengamos miedo de ser católicos ni de pertenecer a nuestras culturas y tradiciones, no venimos solo a tomar cosas de aquí como muchos creen, por el contrario, venimos a engrandecer esta nación con nuestro esfuerzo y trabajo, con nuestras familias y sobre todo con nuestra fe.

Ser católico es incómodo, ser católico es para valientes, no hay nada más difícil que tener la completa libertad de decidir lo que hacemos y a la vez reconocer, que no todo lo debemos hacer. Como San Pablo tan elocuentemente lo dice

«Todo está permitido», pero no todo es conveniente. «Todo está permitido», pero no todo es edificante.
1 Corintios 10, 23

¿Como edificamos y hacemos lo correcto? Una buena sugerencia es hacer lo mínimo: Misa dominical y días de precepto, confesarse por lo menos una vez al año, ayuno y abstinencia en cuaresma y listo, así de sencillo. Lo mínimo es una buena manera de empezar, pero claro, si todos hiciéramos este mínimo les garantizo que no sería suficiente. Si te comprometieras, aunque sea con ese mínimo a seguir a Jesús, El pondría lo que falta para que lo dieras todo. Así que, aquí no hay porque tener miedo y pensar que no lo podemos lograr.

Hagamos el mínimo, no quieras correr antes de caminar. Si no sabes dónde empezar, solo empieza, si quieres cambiar pues anímate y cambia, si quieres amar ¡tan solo ama!

¡Hay que vivir el Evangelio…empieza hoy! No hay camino fácil, mucho menos carga ligera, si buscamos ser verdaderos hijos de Dios, comienza ahora, no mires cuan débil eres o cuantas limitaciones existen muchos menos dejes que tus pecados te detengan, no queramos ser santos prematuros y no te condenes antes del juicio.

"No podemos pensar en vivir inmediatamente una vida cristiana al ciento por ciento, sin dudas y sin pecados. Debemos reconocer que estamos en camino, que debemos y podemos aprender, que necesitamos también convertirnos poco a poco. Ciertamente, la conversión fundamental es un acto que es para siempre. Pero la realización de la conversión es un acto de vida, que se realiza con paciencia toda la vida. Es un acto en el que no debemos perder la confianza y la valentía del camino. Precisamente debemos reconocer esto: no podemos hacer de nosotros mismos cristianos perfectos de un momento a otro. Sin embargo, vale la pena ir adelante, ser fieles a la opción fundamental, por decirlo así, y luego continuar con perseverancia en un camino de conversión que a veces se hace difícil. En efecto, puede suceder que venga el desánimo, por lo cual se quiera dejar todo y permanecer en un estado de crisis. No hay que abatirse enseguida, sino que, con valentía, comenzar de nuevo. El Señor me guía, el Señor es generoso y, con su perdón, voy adelante, llegando a ser generoso también yo con los demás. Así, aprendemos realmente a amar al prójimo y la vida cristiana, que implica esta perseverancia de no detenerme en el camino".[15]

Encuentro con el clero de Roma, Papa Benedicto XVI 22 febrero 2007

Unamos nuestras voces con las de los santos y pidámosle a Dios la fuerza para ser testigos fieles de su amor y juntos digámosle:

Jesús mío: ayúdame a esparcir tu fragancia donde quiera que vaya; inunda mi alma con tu espíritu y tu vida; llena todo mi ser y toma de él posesión de tal manera que mi vida no sea en adelante sino una irradiación de la tuya.

Quédate en mi corazón en una unión tan íntima que quienes tengan contacto conmigo puedan sentir en mí tu presencia; y que al mirarme olviden que yo existo y no piensen sino en Ti.

Quédate conmigo.

Así podré convertirme en luz para los otros. Esa luz, oh, Jesús, vendrá toda de Ti; ni uno solo de sus rayos será mío.

Te serviré apenas de instrumento para que Tú ilumines a las almas a través de mí.

---

[15] http://www.vatican.va/content/benedict-xvi/es/speeches/2007/february/documents/hf_ben-xvi_spe_20070222_clergy-rome.html

Déjame alabarte en la forma que te es más agradable: llevando mi lámpara encendida para disipar las sombras en el camino de otras almas.

Déjame predicar tu nombre sin palabras... Con mi ejemplo, con mi fuerza de atracción con la sobrenatural influencia de mis obras, con la fuerza evidente del amor que mi corazón siente por Ti.

Amén.

San Juan Neumann ¡ruega por nosotros!

2. ¡Hijos de la televisión!

– ¿Cuántas cajas quiere?
– me dijo el vendedor.
–Solo una, gracias.
–conteste.
–Oh, no se preocupe las cajas extras son gratis
 –agrego.
–Está bien, pero solo necesito una – conteste
– ¿Seguro? –dijo intrigado.
–Sí seguro, solo tengo un televisor.

Ese fue el intercambio que tuve con el agente de ventas al instalar el servicio de cable en mi casa, aquel joven ofreciéndome hasta cuatro cajas extras sin costo para todos los televisores, se mostró amable y noté sus ganas de que aceptara en quedarme con más de una de ellas. Mi respuesta le pareció extraña. ¿En estos días quién tiene solo un televisor? Son económicos y es bien común que en muchas casas tengamos más televisiones que crucifijos. Pero no es culpa nuestra ¡bueno si, pero no toda! Somos hijos de la tecnocultura de nuestra época, de la televisión y la radio pasamos a las computadoras, teléfonos celulares, tabletas y de regreso a la televisión y la radio, pero ahora todos revueltos y ¡amontonados! Hoy somos esclavos de la pantalla, las hay en todos los tamaños desde 50-60 pulgadas, hasta las pequeñas de escasos centímetros, pero sin importar el tamaño, nos tienen sometidos bajo la premisa que necesitamos de todos estos aparatos para estar "conectados", cuando precisamente ha sucedido lo contrario.

No hace muchos años una llamada telefónica estaba sujeta a un lugar y tiempo específico: "a las cuatro te llamo a tu casa" significaba que no solo el tiempo jugaba un papel en la comunicación, sino el lugar también, "no, mejor llámame al trabajo". Es decir, las relaciones personales requerían un esfuerzo, comunicarnos era un compromiso que exigía más empeño y no fácilmente podías romper. No contestar la llamada significaba tener que reconectar en otro momento y a veces esto no era tan sencillo.

Cuantos no recuerdan haber llamado a su país natal y al único teléfono del pueblo, a la misma hora, cada semana para hablar con mama y la familia y si no llamabas o no contestaban, pues perdías tu turno y había que esperar hasta la próxima semana. ¡lástima, Margarito! Como decía un gran comediante mexicano.

Conectados, pero no cercanos

Hoy día cuando recibimos una llamada ¿Qué sucede? es común contestar: "llego en cinco minutos" aunque estemos a medio hora de llegar, la facilidad de conectarnos nos ha posibilitado comunicarnos, pero nos ha impedido el acercarnos y esto se ha convertido en una especie de pared que cada día nos aleja más. Las reuniones familiares incluyen extensos periodos de estar cara abajo viendo el aparato que originalmente nos ayudó a organizar la reunión. Hemos reemplazado el dialogo con imágenes chistosas, las malas noticias se mandan en mensaje y te despiden del trabajo por email.

Una noticia impactante puede en cuestión de minutos darle la vuelta al mundo y aun con esto cada día estamos más aislados. Una de las estadísticas más tristes de nuestra época es la cantidad de niños y jóvenes con problemas de ansiedad y estrés, los terapeutas profesionales tienen lista de espera de meses y el suicidio juvenil está en aumento. Hombres y mujeres prefieren relaciones ficticias online a las relaciones persona a persona. Es común vivir por medio de una pantalla: "que comí, donde dormí, si salió el sol si no salió, si es domingo o ya es viernes, que si tengo sueño o estoy cansado" en fin hacemos de esto nuestro diario personal vivido en público ¿pero es esto bueno o malo?

La respuesta es más sencilla de lo que parece, a veces las cosas son tan obvias que dudamos en creerlas, la tecnología en sí misma no es positiva ni negativa, es decir no hay ¡teléfonos pecadores y televisiones santas! No hay tabletas endemoniadas ni computadoras camino a la santidad, no son los medios somos nosotros, es nuestra responsabilidad utilizar de manera adecuada estos aparatos que son para nuestro servicio. La tecnología debe de ser una herramienta útil, que nos ayude a ser más organizados, efectivos; en fin, mejores personas y que al menos no influya en nosotros y nuestras conductas de manera negativa -que nos lleve a pecar- además que no obstruya nuestra relación de familia, comunidad y amistades. No olvidemos que fuimos creados con libre albedrio y la libertad suprema es seguir a Cristo. Si tuvieras que revisar tu teléfono celular, tu computadora o la historia de lo que has visto en televisión en este preciso momento ¿encontrarías pruebas de un hijo de Dios?

Así de sencillo es, hay que empezar haciendo el mínimo y ese mínimo incluye como tratamos la tecnología, recordemos que estamos llamados a vivir más allá de una pantalla. Que nuestra meta final no es conseguir miles de "likes" o corazones en nuestras publicaciones, nuestra meta final es el cielo, no es solo un montón de amigos online o falsas relaciones con personajes ficticios y realidades imaginadas. Nuestra meta es más grande que el siguiente capítulo de la serie de televisión o el ultimo triunfo de tu equipo deportivo.

¿Señor a quien iremos? Juan 6,68

Cualquier persona que ha tenido una conversión por pequeña que esta sea y que ha decidido seguir a Jesús, lo primero que descubre es que no está solo. Que existe una comunidad, una familia, una iglesia que le acompaña con ternura y amor. Personas que se sienten solas de pronto multiplican el tamaño de su familia gracias a las muchas personas que los reciben con los brazos abiertos en la parroquia. Hombre y mujeres sobre todo los jóvenes dejan a un lado la tristeza y la soledad al participar en las actividades de una comunidad de fe. La tecno-cultura debe estar enfocada en ayudar y facilitar la conectividad, pero nunca a reemplazar el contacto personal.

El reto que enfrentamos es volver a recuperar la comunicación entre nosotros y para con Dios, no podemos dejar el dialogo y el compartir en familia o en comunidad, si no sabemos por dónde empezar, aquí va una idea: Preguntar.

Si, haz preguntas. Nada hay más incómodo que hacer preguntas ya sea con la esposa o esposo, pero sobre todo con los hijos, "hay papa, ya vas a empezar" es la respuesta clásica de los adolescentes cuando el padre se atreve solo preguntar ¿Cómo estuvo tu día? Probablemente el hijo o hija no contestaran la primera vez, pero tenlo por seguro que entre más preguntes más claro tendrán tus hijos que quieres escucharlos. Ni que decir de la pareja; estoy seguro de que si le preguntaran a mi esposa cual es mi mayor problema, respondería que es la falta de comunicación. Y es que aun, con muchos años de casados, me es algunas veces difícil expresarme y a pesar de tener casi 20 años de casados, ella siempre me supera en cuanto a dialogo se trata.

Pero no solo el preguntar queda en el plano familiar, también debemos atrevernos a preguntarle a Dios, pero saber que preguntar es vital, hay que recordar que todo está enfocado en llegar al cielo. Si he cometido pecado ¿Señor, donde está mi debilidad? Si estoy sufriendo ¿Dios mío que tengo que aprender? Si nada me sale bien ¿Señor mío, que debo mejorar? Los Evangelios están llenos de un intercambio de preguntas y respuestas entre Jesús sus discípulos y el pueblo. Incluso el mismo Poncio Pilato cuestiona a Jesús, la diferencia entre unos y otros es que muchos escucharon la respuesta y otros tristemente no escucharon.

Si tu vida esta solo enfocada en la televisión las redes sociales y solo vives por el filtro de una pantalla, estás perdiendo la bella oportunidad de vivir la vida al máximo, ya se, suena a frase trillada "vivir al máximo" pero en verdad de eso se trata, de vivir una vida en la que somos los principales participantes. Hay que sufrir, reír, cantar, bailar, alabar, callar etc. No vivamos de experiencias ajenas, más bien aprendamos de ellas y forjemos las propias y nunca perdamos la oportunidad de gozar la presencia real y verdadera de Dios amante. No seamos hijos de la televisión, porque ya somos hijos del ¡Dios vivo, por quien se vive!

El auxilio de María

Uno de los apelativos más bonitos de María Santísima es el de Auxilio de los Cristianos, y con justa razón, ella siempre está atenta a nuestras necesidades. Pidámosle a nuestra Madre María Santísima; ella que es ejemplo de escucha y donación que nos ayuda en primer lugar a entablar una relación honesta con su Hijo Jesús, no solo por necesidad o conveniencia, sino porque es bueno para nuestra vida y nos ayuda a abrirnos a el amor de Dios.

Busquemos una relación diaria y constante, no hay fórmula secreta para la oración, orar es como respirar, necesario para vivir y así como respirar es algo natural, la oración debe ser algo natural. Entre más nos atrevemos a hablar con Jesús más nos damos cuenta de que en todo momento lo podemos hacer que no hay momento que no podamos alabar a Dios y darle gracias por su amor, que no hay que ocasión que no podamos pedirle por nuestras necesidades. Jesús está en cada instante presente, no hay circunstancia que le sea ajena. Alegrías y penas se las podemos compartir, pero tenemos que atrevernos a hacerlo.

Si nunca has rezado, este puede ser un buen comienzo. Si tu oración es débil, escaza o nula, hoy puedes redoblar esfuerzos y perseverar. Y aun cuando tengas una vida de oración sólida, siempre se puede avanzar y mejorar.

Hace más de mil quinientos años los cristianos ya acudían al auxilio de María. Hoy nosotros unamos nuestra oración a los santos de todos los tiempos y confiemos en la intercesión amorosa de Nuestra Madre:

Bajo tu amparo nos acogemos, santa Madre de Dios;

no deseches las súplicas que te dirigimos en nuestras necesidades, antes bien, líbranos de todo peligro, ¡oh siempre Virgen, gloriosa y bendita!

Amén.

3. Sacramentalidad

¡Tú puedes hacerlo, nada te puede impedir lograr tus metas, nada es imposible! Estas frases son repetidas hasta el cansancio por predicadores, activistas, consejeros, maestros de escuelas, promocionales y hasta por nosotros mismos y que hay mucho de cierto en esto. En verdad si trabajamos duro y nos esforzamos la mayor de las veces es posible que podamos lograr nuestras metas y muchas cosas más.

Ciertamente casi todo es humanamente posible, pero, aunque no los pensemos seguido, hay cosas que son humanamente imposibles: no podemos volar por nuestra propia fuerza, no podemos hablar todos los lenguajes del mundo, no somos capaces de resistir temperaturas extremas sin protección adecuada, no podemos vivir sin agua y comida permanentemente, es decir hay un sin fin de cosas que, si son imposibles de realizar por nosotros mismos, y esto es bueno.

Uno de los mayores peligros hoy día es precisamente esto. Creemos que podemos hacerlo todo, que nada es imposible y que la ayuda de Dios no es necesaria, que solo nos bastamos a nosotros mismos y ya.

La historia de Nicodemo y Jesús nos enseña que no todo depende de nosotros. Pero a la vez nos demuestra que sí depende de nuestro esfuerzo y empeño. Veamos cómo esta historia se desarrolla y aprendamos de Nicodemo, escuchemos a Jesús:

> Había entre los fariseos un hombre llamado Nicodemo, que era uno de los notables entre los judíos. Fue de noche a ver a Jesús y le dijo: «Maestro, sabemos que tú has venido de parte de Dios para enseñar, porque nadie puede realizar los signos que tú haces, si Dios no está con él».
>
> Juan 3, 1-2

Nicodemo una persona con autoridad y poder era un judío notable, es decir la gente acudía a él por consejo y consuelo, pero aquí vemos que Nicodemo reconoce que no lo sabe todo y que él no es capaz de hacerlo todo, "nadie puede realizar los signos que tú haces" le dice a Jesús reconociendo una autoridad más grande que la suya; cuantas veces no hacemos nosotros lo opuesto, queremos hacerlo todo y saberlo todo, cuantas veces no seguimos cometiendo los mismos errores por no escuchar a Jesús que "ha venido de parte de Dios" como Nicodemo lo reconoció.

"Fue de noche a ver a Jesús" un detalle por demás sorprendente pero bastante común, cuantos de nosotros buscamos a Jesús de noche, es decir, a escondidas porque tenemos vergüenza o no queremos que nadie se entere, porque pensamos que se van a burlar de nosotros o que vamos a afectar nuestra posición social o hasta económica. Pero a Jesús no le importa cuando o como lo busques, Él siempre espera por nosotros si acudimos a él con un corazón sincero, así que ya deja de darle vueltas al asunto y ve a buscar a Jesús, que Él ya sabe que estas en camino.

Jesús le respondió: «Te aseguro que el que no renace de lo alto no puede ver el Reino de Dios.» Juan 3,3

Continua el dialogo entre Jesús y Nicodemo con una propuesta concreta de Jesús "el que no renace de lo alto no puede ver el reino de Dios" No hay mal entendido, no hay juego de palabras, no hay confusión, es bastante claro hay que renacer de nuevo; es decir algo tiene que morir primero, es igual que para sanarse primero hay que estar enfermo. Si Jesús le dice a Nicodemo y a nosotros que tenemos que renacer de nuevo, es porque algo de nosotros tiene que morir, algo tiene que desaparecer de nuestras vidas.

Nicodemo le preguntó: «¿Cómo un hombre puede nacer cuando ya es viejo? ¿Acaso puede entrar por segunda vez en el seno de su madre y volver a nacer?». Juan 3, 4

La honestidad de Nicodemo es digna de admirar e imitar, reconoce que Jesús viene de Dios y ahora sabe que lo que Jesús le pide para obtener el Reino de Dios no le es posible por sí solo, hay cosas en las que necesitamos ayuda para lograrlo, aquí no vale el "tú puedes, si lo puedes pensar lo puedes lograr" ¡oh no! Nicodemo solo acierta a reconocer su realidad, "ya estoy viejo, ni modo que nazca de nuevo" se repite la honestidad de este hombre que de verdad nos motiva. Nicodemo no pierde el tiempo poniendo excusas ni tratando de interpretar a su manera lo que Jesús le dice, no, en absoluto; él entiende exactamente lo que Jesús dijo y sabe también que, para él mismo, esto es imposible.

> *Jesús le respondió: «Te aseguro que el que no nace del agua y del Espíritu no puede entrar en el Reino de Dios. Juan 3, 5*

Hasta este momento Nicodemo no ha hecho nada especial. No olvidemos que fue de noche a buscar a Jesús, por miedo a ser visto. Pero una vez que encuentra a Jesús no finge ni pretende saber demasiado, aun siendo un "maestro de Israel" como el mismo Jesús le reconoce. Nicodemo necesita escuchar de Jesús cual es el camino por seguir y como se consigue el Reino de Dios ¿cuál es el secreto? Nicodemo quiere saber.

"El que no nace del agua y del Espíritu" contesta Jesús, el que no recibe el bautismo, el que no muere al pecado y nace como hombre nuevo, el que no abandona el camino de la perdición y se convierte; ese es el que no vera el Reino de Dios. Jesús sin ambigüedades lo profesa, hay que recibir el bautismo para salvarnos, hay que vivir el sacramento, los sacramentos. Como católicos debemos de tener una vivencia sacramental y la voluntad a morir al pecado constantemente.

Antes de que salga el sol

Seis de la mañana, ni un minuto más ni uno menos, ahí estaba esperando fuera de la iglesia. Estaba oscuro pues faltaba al menos media hora para que saliera el sol y aun el tráfico era ligero. No era el único, cuatro o cinco personas más estaban haciendo línea conmigo. ¿Y que esperábamos a las seis de la mañana? Pues confesarnos; la iglesia de Santo Tomas de Aquino tenía confesiones diarias a las seis de la mañana seguidas de misa. No era inusual ver a personas confesándose tan temprano. En la medida que yo podía asistía a misa diaria y en un principio me parecía un poco extraño ver personas en la fila del confesionario tan temprano que en más de una ocasión pensé ¿ni que se estuvieran muriendo? En verdad nunca lo hubiera entendido hasta que un buen día me toco ser parte de esa bendita línea a las seis de la mañana. La confesión y las gracias que de este sacramento derraman sobre nosotros son tan importantes que absolutamente vale la pena hacer fila inclusive a las ¡seis de la mañana!

Debemos de tener una "mentalidad" sacramental, los sacramentos son instrumentos de gracia y comunican a los hombres sobre todo en la Eucaristía el misterio de la comunión, del Dios Amor. Uno en tres Personas distintas, dice San Tomas de Aquino. Necesitamos esta manifestación del amor de Dios todos los días de nuestra vida. Por eso es por lo que debemos de actuar sacramentalmente ¡todos pecamos! "porque el justo, aunque caiga siete veces, se levantará" dice el Libro de Proverbios. Nadie esta excepto de caer y de fallar, y de igual manera, nadie debe de abusar de esto y ponerlo como una excusa.

"Solo Dios me juzgara" es una frase muy popular en Estados Unidos y que muchas personas incluso se tatúan en su cuerpo. Una frase muy peligrosa; pues, si solo Dios te juzgara

¿no te da miedo actuar de esa manera? Si solo Dios puede dar juicio a tus acciones ¿no te da miedo seguir pecando? Si solo Dios te juzgara ¿porque sigues actuando como si Dios no existiera?

Al parecer hay una idea equivocada de cómo vivir en comunión con Dios, pensamos que la única relación que necesito con Dios es de la oferta y la demanda. Que me das para que te siga, le decimos; con que me vas a ayudar para que te amé y no esperes que esto sea permanente pues mi amor es pasajero. Así es como nos relacionamos con Él, una especie de relación comercial. Dios es el banco si necesito dinero, Dios es el hospital si estoy enfermo, Dios es el psicólogo si me estoy volviendo loco, Dios es el supermercado si tengo hambre, es decir, nos hacemos un Dios a nuestra medida y limitamos todo su amor y todo lo que él nos quiere dar.

Es por eso por lo que necesitamos los sacramentos. En primer lugar, para dejar que su gracia santificante nos ayude a que Jesús habite en nosotros y vaya transformando nuestra vida. Así permitir que venga y se quede con nosotros, porque lo invitamos, porque lo queremos. Desde nuestro nacimiento hasta la muerte los sacramentos nos acompañan derramando el amor y las gracias de Dios. Un Dios que nos ama con ternura y que en ese acto de amor ha decidido quedarse con nosotros por medio de los sacramentos y su efecto transformador. Así es, los sacramentos nos santifican y nos liberan del pecado y por lo tanto de la condenación eterna. Los sacramentos manifiestan en nosotros todo el amor del Padre del Hijo y del Espíritu Santo.

¿Por qué no te confiesas? ¡¡Ah!!–nada más se escucha– Y como nos gusta darle vueltas a este sacramento. Hay personas que sin ningún impedimento duran años sin recibir el perdón de sus pecados; usan toda clase de excusas: que si el padrecito "es esto o lo otro" que si como quiera voy a volver a pecar, que yo hablo directamente con Dios etc.... pero honestamente no vamos a confesarnos por orgullo "Y serán como dioses" le murmuro la serpiente a la mujer, es decir no necesitaran de Dios, ustedes son su propio dios. Esto es lo que no nos deja ver el poder del amor de Dios en la reconciliación. ¡No nos confesamos porque el pecado es nuestro y no queremos dejarlo, no queremos dárselo a nadie, nuestro orgullo nos dice no! -nadie me quitara lo mío- después de todo solo dos cosas nos llevaremos al morir, nuestras buenas obras y nuestro pecado.

La confesión es una puerta a la salvación y la línea del confesionario es la antesala a una nueva vida libre de pecado. No tengamos miedo admitir que somos pobres pecadores; que muchas veces no sabemos lo que hacemos. Incluso cuando somos conscientes del mal lo terminamos haciendo. No nos engañemos y dejemos que el falso orgullo nos aleje del amor de Dios. Generalmente no nos confesamos porque vivimos en el pecado, no solo porque estemos pecando continuamente; vivimos en el pecado porque constantemente lo estamos nublando con ese falso orgullo y esto nos impide acercarnos a Dios. Deja de pensar en el pecado, busca mejor el amor de Dios y su misericordia. Atrévete a decirle a Jesús: hoy te entrego este pecado, no lo quiero, no lo necesito ayúdame a ser bueno y buscar la santidad.

Lo más importante en la confesión es el acto de humildad de reconocernos pecadores, Dios quiere que libremente le invitemos a nuestra vida, por eso es bueno confesarse habitualmente. En este acto, uno reconoce que es débil y que Dios es más grande que nuestra debilidad, además que entre más te confieses menos ganas de pecar tendrás, porque vas descubriendo y experimentando la paz y el gozo que la confesión ofrece. Pero si esto no son razones suficientes para recibir el sacramento de manera regular, recordemos que al recibir la absolución volvemos a estar en estado de gracia y así podemos participar plenamente de la Celebración Eucarística. Ahora Jesús puede venir a nuestra vida y en nuestra persona puede hacer morada. La Santísima Trinidad en el misterio de su amor ahora puede ser bienvenida en nuestra pobre humanidad.

No hay realidad más bella en el mundo, que el saber que Cristo dio su vida por nosotros y que no basto con eso, que se ha quedado aquí entre nosotros para darnos consuelo y ánimo, para seguir amándonos al partir el pan. En las sabias palabras que el buen fraile capuchino Fray Luis Gerardo un día me dijo: "el Reino de Dios vendrá, estés tu o no estés" no perdamos la oportunidad de ser parte del Reino de Dios y vivamos los sacramentos.

Este es el fin de los sacramentos; hacernos parte del Reino de Dios de abrir nuestra vida a el amor del Padre. Hay que dejar el orgullo atrás, ser humildes y sencillos para recibirlos. Cada uno tiene su función, todos nos conducen a Él, nos auxilian y hacen presente su amor y misericordia en nuestras vidas.

Hay que atrevernos a vivir una nueva "sacra mentalidad", dejemos de excusarnos y no le demos más ventajas al pecado. Que cada día nos decidamos seguir a Jesús y a recibir las gracias que los sacramentos nos obtienen.

Señor mío Jesucristo, me acerco a tu altar lleno de temor por mis pecados, pero también lleno de confianza porque estoy seguro de tu misericordia.

Tengo conciencia de que mis pecados son muchos y de que no he sabido dominar mi corazón y mi lengua. Por eso, Señor de bondad y de poder, con mis miserias y temores me acerco a Ti, fuente de misericordia y de perdón; vengo a refugiarme en Ti, que has dado la vida por salvarme, antes de que llegues como juez a pedirme cuentas.

Señor no me da vergüenza descubrirte a Ti mis llagas. Me dan miedo mis pecados, cuyo número y magnitud sólo Tú conoces; pero confío en tu infinita misericordia.

Señor mío Jesucristo, Rey eterno, Dios y hombre verdadero, mírame con amor, pues quisiste hacerte hombre para morir por nosotros. Escúchame, pues espero en Ti. Ten compasión de mis pecados y miserias, Tú que eres fuente inagotable de amor.

Te adoro, Señor, porque diste tu vida en la Cruz y te ofreciste en ella como Redentor por todos los hombres y especialmente por mí. Adoro Señor, la sangre preciosa que brotó de tus heridas y ha purificado al mundo de sus pecados.

Mira, Señor, a este pobre pecador, creado y redimido por Ti. Me arrepiento de mis pecados y propongo corregir sus consecuencias. Purifícame de todas mis maldades para que pueda recibir menos indignamente tu sagrada comunión. Que tu Cuerpo y tu Sangre me ayuden, Señor, a obtener de Ti el perdón de mis pecados y la satisfacción de mis culpas; me libren de mis malos pensamientos, renueven en mis los sentimientos santos, me impulsen a cumplir tu voluntad y me protejan en todo peligro de alma y cuerpo. Amén.

ORACION DE SAN AMBROSIO

4. La Esquizofrenia Sexual

La caja de Pandora de abrió, la revolución sexual ha dado sus frutos, escandalosos sexuales dominan la psique popular entre más detallado el escándalo mayor audiencia y mayor alboroto, Eros domina y manda sobre la cultura. Esquizofrénico escenario tenemos hoy día, el consumo de pornografía es de magnitud epidémica no solo en Estados Unidos, pero en el mundo entero, el aborto en demanda es la falsa solución final ante la promiscuidad y esto no es un fenómeno aislado es más bien la triste conclusión de un falso entendimiento de la sexualidad humana, es producto de esta esquizofrenia sexual.

Hoy día hemos pasado de la mentalidad "este es mi cuerpo" con el libertinaje sexual, el aborto y a la homosexualidad a un todavía más peligrosa "este no es mi cuerpo" con toda la ideología de género. Una terrible crisis que cada día nos ataca más abiertamente, la cultura esta sobre sexualizada, esta es una verdad que nadie puede negar. Basta con prender la televisión, entrar en internet o conectarse a las redes sociales; no importa que cuidadoso seas en algún momento contenido sexual se manifestara en tu pantalla igual si prendes la radio es lo mismo, miles de programas de "entretenimiento" envenenan a su audiencia con malformaciones de la sexualidad humana. No es exagerado decir que el sexo no solo vende, también manda y hasta impone. Organizaciones como Planned Parenthood tienen una agenda enfocada en sexualizar a nuestros hijos y no les importa la edad, entre más pequeños mejor, nadie está fuera de esta corriente perversa.

La liberación sexual que se venía fraguando desde hace muchos años en Estados Unidos ya es una realidad, su meta es destruir la familia, para poder destruir al hombre y alejarlo de Dios.

No tengamos miedo a decir que la revolución sexual es una afrenta a Dios y su divino plan para el hombre, la mujer y la familia.

Ideología de genero

Biológicamente se nace mujer o se nace hombre, la especie humana es masculina y femenina. Para que la supervivencia de la humanidad continúe y la vida pueda ser transmitida de generación en generación, se requiere el acto conyugal y la transmisión de vida de los padres a los hijos, la continuidad de la vida requiere el ovulo y el esperma en una unión común entre el hombre y la mujer, así de sencillo se puede explicar desde el punto de vista biológico, el ser humano es hombre o es mujer.

Es bueno empezar por aquí porque precisamente el descontrol sexual de hoy día dice que ni siquiera esto es correcto, la ideología de género que abunda en nuestra cultura moderna ha corrompido nuestras nociones básicas de biología. Esta es la meta final de la ideología de género, crear una manera de pensar en la que cualquier actitud y actividad sexual por aberrante y descabellada que sea debe ser aceptada y valorada como justa y verdadera, bajo el argumento erróneo que el género es una imposición social, lo cual es una tontería mayúscula, nada tiene que ver si naces en cuna de oro o en barrio pobre, tu sexualidad es parte de tu persona desde la concepción.

La sexualidad es más que un acto u apariencia física como los promotores de la ideología de género lo quieren presentar. Existen diferencias biológicas irrefutables entre el hombre y la mujer, diferencias psicológicas y de comportamiento entre hombres y mujeres. Esto es necesario para la subsistencia de la especie humana, pero por encima de esto porque así lo ha dispuesto nuestro Dios creador, que en su sabiduría eterna estableció un modelo que es perfecto en su diseño y que no necesita alteraciones.

Ataque a la familia

La unión entre hombre/mujer y la prole -hijos- son el diseño original y es por lo que esta institución de carácter divino (porque viene de Dios) está bajo un profundo ataque en nuestros días. Esto es bastante peligroso ya que detrás de la "liberación sexual" existe un lacerante ataque a la familia y la fe. Todo estudio antropológico de cualquier cultura requiere por regla básica el partir de su núcleo básico, que es la familia. En todos los casos la familia siempre tiene en su estructura los mismos componentes, siendo el hombre y la mujer el origen de esta. Aun en nuestras sociedades liberales modernas, la familia continúa siendo la base elemental de subsistencia, pero si se logra corromper este concepto todo lo demás es válido.

Es por eso por lo que el logro mayor hasta el momento de esta perversión ideológica ha sido el mal llamado "matrimonio de personas del mismo sexo" esto es solo una de las artimañas que esta ideología utiliza para promover la mentalidad de que todo es válido y todo es correcto. Si las uniones de personas de el mismo sexo se legalizan a nivel local luego se hacen a nivel nacional y al final el mundo entero tienen que ceder, pero aun logrando esta supuesta meta la misma naturaleza de esta ideología de cuestionar toda norma natural, moral y de Dios le lleva a no estar nunca en paz siempre en busca del próximo limite.

Una vez dado el primer paso lo siguiente es la legalización de cualquier unión como legal y aceptable. Si un adulto quiere casarse con una niña lo podrá hacer, si un hombre se quiere casar con su mascota claro que lo podrá hacer, si una mujer se quiere casar con dos personas a la vez por supuesto que lo podrá hacer. Por descabellado que todo esto parezca es la realidad que la ideología de género representa; una sociedad pervertida convertida en un experimento de desviaciones sexuales disfrazadas de libertad de elección.

Bajo el absurdo "amor es amor" se pretende transformar la sociedad en un lugar que solo busca la satisfacción personal aun cuando esta sea inmoral y anormal. Un peligro aun mayor es que esta imposición de género -porque eso es- busca robarnos a nuestros hijos y a nuestros jóvenes, es por demás espantoso pensar que un niño de 5-6 años pueda según esta ideología decidir si quiere cambiar de sexo, que una niña de 12 años reciba pastillas anticonceptivas y que un adolescente de

13 años traiga condones en su mochila ¿Cuál es la necesidad de que nuestros niños sean sexualmente activos? En palabras de un buen amigo dominicano ¡eso no es de Dios!

¿Quién soy yo para juzgar?

Hemos caído en la mayor trampa de la historia de la humanidad, la falsa noción de evitar la corrección fraterna y el miedo a expresar la verdad. Hoy día uno no puede dar su opinión ni hablar en nombre de la iglesia en temas como familia y sexualidad porque de inmediato eres tachado de retrograda y animal, de imbécil y mente cerrada, estos y otros más adjetivos son la respuesta de la ideología de género ante la irrefutable verdad de saber que las desviaciones de caracteres sexuales no son normas y guías para la sociedad y la familia.

La verdad hoy día esta condena y hablarla te hace un criminal, vivimos en un estado de miedo social, cualquier opinión contraria a la corriente de pensamiento general es cada día más lejana. Que dos hombres sientan atracción física mutua no debe de ser un problema social, que estos dos hombres exigen que su relación tenga el mismo grado que validez que el matrimonio entre un hombre y una mujer si es de preocupación para todos, que dos mujeres decidan vivir juntas no debería de corromper el orden social de la familia pero que estas mismas mujeres exijan los mismos derechos que Dios ha otorgado a al matrimonio en cuanto a la familia e hijos si debe de preocuparnos, el hombre y la mujer son la base fundacional de toda la civilización, la unión y donación mutua permiten el apoyo mutuo en la vida y la subsistencia de la familia, el hombre y al mujer se complementan de manera perfecta, Dios en su infinita sabiduría creo al ser humano para que juntos caminaran y para que juntos lo buscaran.

Como hijos de Dios tenemos el deber de expresar nuestra postura y las enseñanzas de la iglesia las cuales con claras al decir que los actos homosexuales son una desviación de la voluntad que Dios para nuestra vida, que nadie debe de sentirse menos y ofendido si los mandamientos de Dios nos exigen cambiar actitudes y posturas que quizás creemos que no podemos dejar, Dios no se equivoca, aunque ante nuestra debilidad y quebrada humanidad nos cueste trabajo reconocer su infinito amor.

El problema radica que la humanidad en lugar de aspirar a vivir como Dios manda, preferimos "ser como dioses" y el mundo moderno erróneamente piensa que Dios se equivocó, que el modelo original no sirve y que nunca nadie en la historia de la humanidad lo había descubierto hasta hoy día ¡Que locura más grande! Y que soberbia la nuestra pensar que la sexualidad, familia y matrimonio deben de ser acuerdo a nuestros pensamientos. Todo esto es porque la ideología de género y la perversión sexual buscan destruir la familia y quieren imponer un orden de pensamiento que rechace el modelo original de la familia, y si nosotros caemos en este falso pensamiento, entonces estamos rechazando el plan de Dios para el hombre y la mujer. No caigamos en esta mentira, con convicción defendamos y valoremos el plan original.

Recordemos, el primer ataque es a la familia, la ideología de género y la liberación sexual busca a toda costa destruirla, porque esta es la base de la civilización y sociedad. Si son capaces de cambiar el concepto de familia; todo es posible, pero en deterioro de la humanidad.

Pero tomemos un paso atrás ¿cómo es que llegamos hasta acá? Una de sus muchas maniobras de todos aquellos que atentan contra la Institución de la familia, ha sido la introducción y aceptación publica de la pornografía, que ha permitido en primer lugar ver el sexo como un acto meramente físico y pasional sin compromiso ni propósito mayor, esta sexualidad desordenada que solo busca satisfacer nuestros apetitos y bajas pasiones ha ido poco a poco cambiando la manera de como vemos y pensamos acerca de nuestros cuerpos. Al tomar la pornografía como algo normal se ha abierto la puerta poco a poco a que toda clase de perversión sexual sea vista como normal.

¿Sabían ustedes que Hugh Hefner y su revista Playboy pusieron dinero e incluso se presentaron como -amicus curiæ- amigos de la Corte en el caso de Roe vs Wade, en el cual se legalizo el aborto en Estados Unidos?

> *"Por más de 50 años, Playboy ha abogado por los derechos de la mujer a escoger, inclusive sirviendo de amicus curiae en el caso ante la corte que llevo a la decisión de Roe v. Wade en la cual la Corte Suprema en 1973 de reconocer el derecho constitucional de terminar un embarazo. Hoy, nos levantamos de nuevo"*
>
> Tweet, 15 de mayo 2019[16]

Así es amigos, la mundialmente conocida revista Playboy financio la legalización del aborto y además se presentó en la corte para hablar a favor del aborto. Amigos y amigas ahora ya lo saben, la próxima vez que alguien le invite a ver esta publicación recuerde que la muerte de millones de niños y las heridas físicas y psicológicas en millones de madres son el legado de esta revista que lo que único que hace es explotar a la mujer y alimentar el libido masculino.

Y es que esto es el ejemplo más claro de la meta de la liberación sexual: la muerte. No hay vida detrás de la sexualidad deformada, no hay esperanza ni propósito mayor, solo vivir una mala pasión y luego morir. El peligro máximo de esta pervertida corriente de pensamiento es la deshumanización de la sociedad. La sexualidad se convierte en dominadora de todo cuando las bajezas sexuales humanas y sus perversiones rigen nuestra actitud y modo de vida.

Nadie se pone de acuerdo, los promotores del homosexualismo dicen que así se nace, lo cual es una falacia total, no existe una sola prueba científica que respalde este

---

[16] https://www.mediaite.com/online/playboy-donates-25000-to-abortion-charity-in-response-to-alabama-law/

pensamiento. Nadie nace homosexual, no se ha encontrado un gen homosexual y esto no solo lo sabemos por fe, la ciencia lo respalda. En la otra esquina vemos esta ola de pensamiento de la ideología de género que dicen que no es como se nace, que a veces naces en el cuerpo equivocado lo cual es todavía una locura mayor, no hay una solo prueba científica de nuevo que ampare este pensamiento.

¡Así que hoy día estamos entre los que nacen y los que se hacen!

La pornografía, la homosexualidad, la ideología de género y toda otra aberración que venga de esto es una afrenta a el designio de Dios y en ninguna circunstancia debemos darnos por vencido, no somos esclavos de esto, podemos realmente salir de esta situación si de nuevo hacemos el mínimo.

El mínimo es reconocer que muchas veces nuestras conductas nos alejan de Dios, que hay cosas que, aunque nos gusten o nos hagan sentir bien son contrarias al plan de Dios para nuestra vida y para nuestra salvación, que no somos esclavos de nuestro cuerpo ni de las pasiones y que en Cristo esta la respuesta a nuestras debilidades, no caigamos en el falso pensamiento que no podemos cambiar o que no podemos dejar de pecar.

El mayor éxito de esta corriente sexual de nuestra época es que se ha vuelto el filtro por el cual vivimos, pretende volverse el juez absoluto de nuestras acciones "es que así soy yo" dice el mujeriego, "no puede cambiar" dice el adicto al sexo, "pues me siento bien" dice la mujer promiscua, todas falsas excusas que el mundo nos ha vendido hasta el cansancio para alejarnos de Dios.

El odio hacia Dios

La ideología de género aborrece todo lo relacionado con la fe ya que supuestamente la fe y la religión imposibilitan al ser humano a desarrollarse plenamente, la realidad es que gracias a la fe es el ser humano capaz de conocerse mejor y saber sus limitaciones para no caer en el abismo de las pasiones bajas, si no tenemos una idea clara de quien es Dios entonces somos libres de elegir como queremos que Dios sea, por eso en primer lugar el rechazo hacia Dios y la fe es vital para esta ideología y por eso denuncia a la fe como freno del crecimiento humano, la ideología de género apela a aquello que precisamente critica tan vehementemente y denuncia, el amor, la ideología de género pretende bajo ridículas aserciones seudocientíficas decir que todo ser humano tiene el derecho al amor y que el amor puede ser representado en cualquier formas incluido el aborto que se presenta como acto de amor.

El peligro máxime de esta pervertida corriente de pensamiento es la deshumanización de la sociedad, la sexualidad toma el lugar de controladora de todo, ya que las bajezas humanas y sus perversiones rigen nuestra actitud y modo de vida.

La esperanza es lo último que se pierde

El relato de la caja Pandora y Epimeteo nos cuenta que cuando ya los pequeños lo daban todo por perdido la esperanza aguardaba por ellos, que en su sufrimiento y dolor los consuela, los llena de ánimo y claro que de mucha esperanza. Y es que aunque el panorama parezca muy oscuro y todo perdido la verdad es que la esperanza está más viva que nunca y que a nuestra Pandora y Epimeteo modernos Dios los consuela, anima y les manda ayuda necesaria, una ayuda partiendo de la esperanza.

Una verdadera revolución sexual sí se está fraguando hoy día en América, miles de jóvenes latinos que están poco a poco día a día tratando de vivir su sexualidad de acuerdo con el plan de Dios. Jóvenes que estudian que trabajan, que rezan, que se divierten y que planean un mejor mañana.

Corazón Puro "El Evangelio encarnado en el Bronx NY"

Odet Bisono es madre, Dominica de nacimiento y Neoyorquina por adopción ella como muchas madres se preocupa por sus hijos y por los hijos ajenos, un buen día después de haber ayudado en la Iglesia en un retiro para jóvenes en el cual los chicos y chicas recibían un anillo de castidad Odet se preguntó ¿y quién los va a ayudar a continuar viviendo castos? ¿quién los va a acompañar en su caminar de fe? ¿Quién va a estar ahí con ellos para que vayan descubriendo su vocación?

Estas preguntas inquietaron su corazón, le dolía el pensar que nadie está ahí en el día a día para estos jóvenes del legendario vecindario neoyorquino del Bronx, New York, la cuidad que nunca duerme y que por eso es un reto mayor para que ellos vivan una sexualidad correcta y que logren sus sueños, con esto en su mente y en corazón Odet le pide a Dios ayuda y Dios responde en la persona del joven Sacerdote Agustino Torres C.F.R. El Padre Agustino, Hermano religioso y Sacerdote de la Comunidad Franciscana de La Renovación empezaba a ser conocido en el área de New York y más allá por su amor por el Evangelio su profundo carisma, su prédica edificadora y su gran amor por los jóvenes. Y ahí en medio de la Gran Manzana -de la cuidad que nunca duerme- ahí en el lugar menos esperado El Espíritu Santo se derrama y una madre dominicana y un fraile y sacerdote católico le dicen si al llamado y comienza la obra misión y visón de Corazón Puro.

Corazón Puro es un ministerio de castidad enfocado en los jóvenes latinos (aunque sirve a jóvenes del mundo entero) inspirado en las enseñanzas de San Juan Pablo II y su Teología del Cuerpo, CP como se conoce cariñosamente es una respuesta concreta a la problemática de la esquizofrenia sexual de hoy día, los jóvenes en CP aprende a reconocerse como hijos e hijas de Dios, a reconocer el amor que ha sido infundido en ellos y el valor infinito que sus vidas tienen, guiados por el Padre Agustino Torres que como verdadero padre, guía educa y cuando hay que corregir lo hace, los jóvenes en CP ha logrado hacer lo imposible en el lugar menos pensado.

CP ha traído esperanza a una juventud sedienta de amor, los jóvenes han encontrado el amor de Dios y el verdadero propósito de su sexualidad, han descubierto que sus vidas valen ¡y que valen mucho! Se han atrevido a ser diferentes y no porque actúen raro, ellos son diferentes porque buscan la verdadera felicidad que solo Jesús te da, son diferentes porque estudian, trabajan, ríen, lloran y viven sus vidas a plenitud con los pies en la tierra y los ojos en el cielo.

Pero claro esto requiere un esfuerzo mayúsculo y un apoyo incondicional de muchas personas y de manera particular de todos los hermanos de la Comunidad Franciscana de la Renovación desde el queridísimo y de feliz memoria Padre Benedict Groeschel la comunidad de los CFR (Franciscan Friars of the Renewal) ha tomado como propio a CP, los hermanos y sacerdotes no solo ayudan en la catequesis y formación también son mentores y guías para los miles de jóvenes que por medio de CP encuentran la alegría de una sana y santa sexualidad.

Hoy día Corazón Puro y su equipo de misioneros sirven de manera permanente en Estados Unidos, Nicaragua y Filipinas. El Padre Agustino lleva el mensaje de amor esperanza de Jesucristo a jóvenes de Estados Unidos, América Latina, Europa y Asia.

Corazón Puro camina a la vanguardia de la nueva evangelización la cual nos llama a todos a ser iglesia misionera, nosotros laicos y clero, hombre y mujeres cada uno en su realidad propia viviendo el amor del Evangelio.

Recuerdo el primer día que conocí a los chicos de CP, algunos de ellos bien pudieran ser mis hijos debido a la diferencia de edades, recuerdo las primeras conversaciones en las cuales era refrescante oír a jóvenes latinos discutir la posibilidad del sacerdocio, escuchar a chicas que pensaban en la realidad de una carrera y una familia, aun me alegra ir sus voces llenas de alegría, esperanza, optimismo y un profundo amor por Dios. Y aun así había algo diferente en estos chicos que no lograba yo entender -algo muy diferente- algo que solo después de compartir con ellos, de rezar con ellos y de servir con ellos logre entender, estos jóvenes no quieren ser buenos ¡oh no!

¡Estos jóvenes quieren ser santos!

El testimonio de Corazón Puro y la impresionante obra de Padre Agustino Torres son solo una muestra de lo que los latinos católicos somos capaces de lograr, transformar la cultura desde adentro, incultura diría el gran San Juan Pablo II, demos gracias a nuestro Dios bueno que hoy nos ha llamado a defender la vida, la familia y la sociedad.

¡Oh, San Juan Pablo, ¡desde la ventana del Cielo dónanos tu bendición!

Bendice a la Iglesia, que tú has amado, servido, y guiado, animándola a caminar con coraje por los senderos del mundo para llevar a Jesús a todos y a todos a Jesús.

Bendice a los jóvenes, que han sido tu gran pasión. Concédeles volver a soñar, volver a mirar hacia lo alto para encontrar la luz, que ilumina los caminos de la vida en la tierra.

Bendice las familias, ¡bendice cada familia!

Tú advertiste el asalto de satanás contra esta preciosa e indispensable chispita de Cielo, que Dios encendió sobre la tierra. San Juan Pablo, con tu oración protege las familias y cada vida que brota en la familia.

Ruega por el mundo entero, todavía marcado por tensiones, guerras e injusticias. Tú te opusiste a la guerra invocando el diálogo y sembrando el amor: ruega por nosotros, para que seamos incansables sembradores de paz.

Oh, San Juan Pablo, desde la ventana del Cielo, donde te vemos junto a María, haz descender sobre todos nosotros la bendición de Dios. Amén.

¡San Juan Pablo II ruega por nosotros!

5. Siglo XXI El Siglo Del Conocimiento

Ignorante:
1. adj Que ignora o desconoce algo.
2. adj. Que carece de cultura o conocimientos.

Real Academia Española © Todos los derechos reservados

Esta es la definición en el diccionario de la Real Academia Española cuando buscamos que significa ser ignorante -alguien que no sabe y sin cultura- una definición muy parca pero que

nos ayuda a entender un fenómeno muy peculiar de nuestros días, el hecho que estamos rodeados de genios.
En primer lugar, quiere proponer la siguiente línea de pensamiento para este capítulo:
No existe gente ignorante

- Hay personas sabias sin educación formal
- Hay personas con educación y formación
- Hay personas sabias con educación formal
- Hay personas inteligentes y otras no tanto
- Pero no hay personas ignorantes

Si la definición nos indica que ignorante es solo alguien que no sabe y sin cultura entonces podemos con toda confianza decir que no hay personas ignorantes, todo sabemos algo, unos saben más que otros pero todos guardamos algún conocimiento en nuestra vida ya sea aprendido en la casa, escuela o el simple ajetreo de vivir -todos tenemos cultura- es decir todos tenemos maneras de pensar vivir y actuar que hemos aprendido de nuestra familia y comunidad, esto es nuestra cultura y aun viviendo de comunidades aisladas y pequeñas todos tenemos esto también.

Genios sin límite de datos

Debo de admitir que no he estado en la vanguardia de la tecnología, la explosión de las redes sociales no fue algo que personalmente me emociono nunca tuve cuenta de MySpace, llegué a Facebook muchos años después y Twitter me gusta más que todos. Pero esta explosión ha creado toda una cultura de genios exprés, genios que con solo leer un par de líneas de cualquier tema se convierten en expertos de este y no tienen reparo en dejártelo saber hasta el punto de corregirte. No hay pregunta que Google no te conteste o eso parece y así vamos por la vida sabiéndolo todo ¿o no?

Es bueno no saberlo todo, es más creo que es hasta algo muy sano tener un poco de ignorancia, un poco de desconocimiento que nos ayude a querer ser mejores y a la vez a aprender más, de lo contrario estamos actuando de manera soberbia y orgullosa al pretender saberlo todo. Como hijos de Dios debemos siempre de tener presente que Él siempre nos sorprenderá, su amor y sabiduría siempre serán mayores a nuestro entendimiento.

Es bueno estar conectado con el mundo, gracias a las redes sociales familias que por cuestiones de distancia no pueden compartir en persona ahora están más cerca, amigos perdidos se han encontrado y hay muchos otros ejemplos de lo positivo de los beneficios de la conectividad, pero también el estar expuesto tan libremente a tanto información sin ningún filtro nos hace vulnerables al mundo que poco a poco nos está influyendo como pensamos y como actuamos, hoy día estamos rodeados de genios sin límites de datos, personas que con solo leer un artículo se convierten en expertos de un tema, personas que con solo leer un encabezado condenan a otros, personas que hacen de algún periódico, canal de televisión o medio de comunicación su evangelio.

Hoy día todo mundo sabe todo o al menos cree saberlo, la conectividad hace posible que la información fluya y sea como un rio desbocado que, aunque puede seguir un cauce bueno y normal muchas veces toma rumbos inesperados y peligrosos.

Por eso es de fuerza mayor que conozcamos nuestra fe, que comprendamos las enseñanzas de la Iglesia que hagamos nuestras las enseñanzas del Evangelio y que no tengamos miedo de ser un poco ignorantes de las cosas del mundo.

> "En aquella hora Jesús se estremeció de gozo, movido por el Espíritu Santo, y dijo: «Te alabo, Padre, Señor del cielo y de la tierra, por haber ocultado estas cosas a los sabios y a los prudentes y haberlas revelado a los pequeños. Sí, Padre, porque así lo has querido."
>
> Lucas 10,21

Uno de los mayores pecados sociales es la falta de conocimiento de Dios, muchas veces nos formamos una idea de Dios y hasta parece que sabemos más que Él, parece que ya sabemos todo lo que Él quiere de nosotros, es común que cada quien acomode el Evangelio a su mundo cuando debe ser siempre lo contrario hay que ajustar nuestro mundo al Evangelio, como puedo ser mejor creyente si solo lleno mi cabeza de conocimiento humano, dice el Evangelio que el "Padre ha ocultado estas cosas a los sabios" ¿Qué cosas son estas?

Que Dios es un Dios de amor incondicional, que este amor cuando lo recibimos en nuestra vida nos transforma para nuestro bien y el de nuestro prójimo, que Jesús es el camino la verdad y la vida y que Jesús murió en la cruz por nuestros pecados y para nuestra salvación, que Jesús también está presente en la Eucaristía de manera real y concreta, que nunca podremos entender por completo esto ni toda la sabiduría del mundo lograra explicar este misterio de amor. Que la oración funciona no siempre como nosotros queremos, pero como Dios lo dispone para nuestra salvación y que la santidad no es un sueño sino una meta, que la verdadera justica siempre busca acercarnos a Dios aun cuando no lo veamos así.

Estas son las cosas que el Padre nos revela si somos sencillos de mente y corazón, que dolor que muchos de nosotros únicamente busquemos la riqueza del mundo una riqueza que no es solo económica, pero que también es una riqueza de conocimientos que nos alejan de Dios, entre más "sabios" menos creyentes, así sucede por lo general, aquellos que llenan su mente de conocimiento humano sin Dios como ancla terminan sumergidos en sus riquezas y alejados de Dios porque ya no pueden aceptar la voluntad de Dios como norma de vida, porque creen que los límites de Dios son absurdos cuando en realidad las limitaciones que Dios no ha dado son señal inequívoca de que esta vida no es nuestra última morada.

Si tan solo dejamos que Dios nos eduque y nos instruyera en su sabiduría seriamos como el hombre del cual el padre Jim párroco de mi parroquia una vez nos contó en la homilía:

"cierto día al terminar la Misa se acercó un señor para despedirse de mi
-padre vengo a decirle que ya me voy de la iglesia- no soporto más, tengo muchos problemas en mi vida y ya no pienso seguir viendo a la iglesia.
-Hijo entiendo tu situación ¿te puedo pedir un favor antes de que te vayas?
-Diga padre, lo que sea.
-Mira hijo si te es posible antes de que te vayas por completo de la iglesia por favor puedes pasar a visitar a Jesús Sacramentado todos los días por un mes ¿crees poder hacerlo?
-Y que tengo que hacer padre, preguntó el hombre.
-Nada hijo solo ve y siéntate ahí un ratico con Jesús.
-Está bien padre, adiós.
-Pasaron uno meses y cierto día un hombre se me acerco, muy alegre el tipo.
-Padre vengo a darle gracias
- ¿gracias? Honestamente no tenía idea de quien era este hombre
-Si padre hace unos meses atrás me vine a despedir de usted, recuerda.
- ¡Oh ya recuerdo! Y que tal como va todo, te ves muy bien.
-Padre usted me dijo que antes de irme de la iglesia fuera con Jesús.
-Así es hijo ahora lo recuerdo,

-Pues padre quiero decirle que fue lo mejor que pude haber hecho.

Ahí en la presencia de Jesús él me ayudo a entender todos mis problemas Ahí en su presencia pude oír su voz y entendí que tenía que hacer con mi vida. ¡Gracias Padre!"

Nos quedamos todos maravillados con la historia, una historia que nos recordó la importancia de siempre buscar la sabiduría divina, que cuando no logramos entender humanamente el porqué de nuestros problemas o tristezas recurramos a Jesús para que él nos ayude a comprender y darle sentido a nuestros sufrimientos que todo tiene solución y que la internet y que las redes sociales no son la única tabla de salvación. Es bueno aspirar a el conocimiento y la sabiduría, necesitamos de esto para cada día crear un mundo mejor, más justo, pero también es cierto que cada vez que ponemos nuestros conocimientos humanos por encima de Dios terminamos actuamos como si El no existiera, creemos que Dios no es suficiente y buscamos no ser como El, pero ser superiores a Él.

Fe y razón

> La fe y la razón (Fides et ratio) son como las dos alas con las cuales el espíritu humano se eleva hacia la contemplación de la verdad. Dios ha puesto en el corazón del hombre el deseo de

conocer la verdad y, en definitiva, de conocerle a Él para que, conociéndolo y amándolo, pueda alcanzar también la plena verdad sobre sí mismo.

Fides et ratio San Juan Pablo II[17]

Cuánta razón tiene San Juan Pablo II en esta palabra inicial de su encíclica Fe y Razón, en nuestro corazón está el deseo de la verdad, por eso vivimos atados a la información hoy día, queremos saber todo, muchas veces sin importar la calidad de la noticia, si son chismes de famosos o cual es el último escándalo político etc. Y es que en nuestro corazón existe el deseo de saber más, el deseo de amar y ser amado, cuantos hombres de manera particular literalmente entregan su vida por su equipo deportivo favorito y hacen de este su dios y religión. San Juan Pablo II nos dice que la verdad nos lleva a Dios es decir cuando encontramos la sabiduría correcta esta termina llevándonos a Dios, y Él a su vez nos ama en primer lugar y luego nos invita a amar. Nuestro espíritu, nuestra alma, nuestro intelecto siempre buscaran por Dios porque solo Él los llena al máximo, solo Dios es capaz de satisfacer por completo nuestro deseo de conocimiento, solo Él es capaz de darle sentido al conocimiento y enfocarlo a nuestro bien y el bien del prójimo de manera adecuada. En nuestro corazón está inscrito el deseo de superación y trascender, el deseo de elevarnos, esto es lo que ha movido al hombre a hacer las hazañas más portentosas y lograr las metas más sorprendentes, esto es lo

---

[17] http://www.vatican.va/content/john-paul-ii/es/encyclicals/documents/hf_jp-ii_enc_14091998_fides-et-ratio.html

que ha impulsado al hombre a mirar más allá de las estrellas y hasta las profundidades del océano en busca del conocimiento.

Pero no todos estos logros satisfacen por completo el corazón del hombre, solo Dios puede hacer eso, solo cuando el ser humano permite que su intelecto y su corazón sean formados por Dios es que es capaz de elevarse a la plenitud de la verdad.

La única sabiduría que nos debe preocupar es aquella que rechaza a Dios.

La única ignorancia que existe es aquella que no quiere saber del amor de Dios.

¡Oh, Espíritu Santo!, llena de nuevo mi alma con la abundancia de tus dones y frutos. Haz que yo sepa, con el don de Sabiduría, tener este gusto por las cosas de Dios que me haga apartar de las terrenas.

Que sepa, con el don del Entendimiento, ver con fe viva la importancia y la belleza de la verdad cristiana.

Que, con el don del Consejo, ponga los medios más conducentes para santificarme, perseverar y salvarme.

Que el don de Fortaleza me haga vencer todos los obstáculos en la confesión de la fe y en el camino de la salvación.

Que sepa con el don de Ciencia, discernir claramente entre el bien y el mal, lo falso de lo verdadero, descubriendo los engaños del demonio, del mundo y del pecado.

Que, con el don de Piedad, ame a Dios como Padre, le sirva con fervorosa devoción y sea misericordioso con el prójimo.

Finalmente, que, con el don de Temor de Dios, tenga el mayor respeto y veneración por los mandamientos de Dios, cuidando de no ofenderle jamás con el pecado.

Lléname, sobre todo, de tu amor divino; que sea el móvil de toda mi vida espiritual; que, lleno de unción, sepa enseñar y hacer entender, al menos con mi ejemplo, la belleza de tu doctrina, la bondad de tus preceptos y la dulzura de tu amor. Amén

6. Amando al prójimo, no olvides voltear la otra mejilla:

En el documental "The Outcast"[18] de Grassroots Films seguimos la vida y misión de la Comunidad Franciscana de la Renovación, una orden de frailes y sacerdotes Franciscanos que viven y sirven en comunidades marginales en varias partes del mundo, un documental por demás digno de ver y compartir. En dicho documental hay un momento por demás significativo. El hermano Crispín después de hablar y tratar de ayudar a un hombre a dejar las drogas para que pueda

---

[18] http://www.outcaststhemovie.com/

permanecer en el albergue que ellos operan en la ciudad de Nueva York ve con tristeza como el hombre se aleja, lo despide y solo atina a comentar "seguiré rezando por él es lo único que puedo hacer."

En ese momento pensé en aquellas palabras de Jesús en el Evangelio:

> "Pero yo les digo que no hagan frente al que les hace mal: al contrario, si alguien te da una bofetada en la mejilla derecha, preséntale también la otra." Mateo 5,39

Generalmente pensamos que presentar la otra mejilla, es solo eso, permitir que nos sigan ofendiendo que nos quedemos inmóviles sufriendo y soportando la ofensa y es cierto que hay que aprender a sufrir sobre todo si trata de nuestra fe ya que es por medio del sufrimiento que aprendemos muchas veces a dejarnos amar por Dios y no solo porque Él quiera vernos sufrir sino más bien porque nosotros muchas veces solo en el sufrimiento le permitimos amarnos. Pero ahora quiere hablarles de este otro aspecto de poner la otra mejilla.

El poner la otra mejilla cuando alguien nos rechaza el nunca olvidar a aquellos que no aceptan nuestra ayuda aun cuando sabemos que la necesitan, aquellos que nos rechazan por nuestra fe cuando sabemos que la necesitan, que nos mofan por abogar por la dignidad humana, por defender toda vida humana. Aquellos que nos ofenden por creer en Cristo resucitado y en su presencia viva, por vivir los sacramentos.

> *"Entonces Jesús dujo a sus discípulos: El que quiera venir detrás de mí, que renuncie a sí mismo, que cargue con su cruz y me siga.*
>
> Mateo 16,24

No todo el mundo quiere tu ayuda

Durante algún tiempo un grupo de amigos se reunían cada domingo para preparar comida y compartirla con las personas indigentes que viven en las calles de la ciudad, un cierto domingo al estar conduciendo por una avenida a los lejos ven a un hombre dormido bajo un puente, es pasado el mediodía y ellos ya casi termina con su noble labor de compartir alimentos con los necesitados, con gran alegría detienen el vehículo y dos de ellos salen de él y se dirigen a saludar al hombre, uno más prepara el plato de comida ninguno de ellos está preparado para lo que sigue.

¿Hola buenas tardes ya comió? El hombre voltea y ve a estos jóvenes con cara de pocos amigos, no todavía no contesta de mala gana.

No se preocupe ahora mismo le vamos a traer un plato de comida, arroz con carne molida, está muy rico todo dice alegremente uno de ellos.

Durante un par de minutos los jóvenes intentan entablar platica con el sin mucho existo, finalmente llega el plato de comida, un plato del cual todos están orgullosos, han trabajado desde un día anterior preparando todo y desde muy temprano esa mañana cocinando todo, el arroz, la carne, las papas, todo hecho con mucho amor y alegría.

El hombre toma el plato en sus manos y por un segundo lo observa, los jóvenes ahí sentados junto a él esperan que empiece a comer. El voltea a ver a uno de ellos y le dice mientras le regresa el plato "esta frio". El joven no sabe qué hacer toma el plato y se da cuenta que no está frio, ciertamente no está caliente como recién cocinado, pero frio no está.

El chico trata de persuadir al hombre a comer, está un poco frio, pero aún está caliente para comer, ande amigo coma le hace bien, necesita proteínas le dice el otro joven. El hombre nada contento les repite "a mí me gusta la comida caliente, si me van a dar de comer que sea como yo quiero si no ya váyanse". Nadie dice nada, todos se miran y luego ven el plato que con tanto amor y trabajo han preparado para compartir.

El hombre se voltea y vuelve a dormir, uno de ellos se acerca a él y le dice, Dios los bendiga que tenga una buena tarde, todos regresan al carro y se alejan de ahí.

¿Qué clase de persona es ese tipo? Rechazar un plato de comida caliente, su situación ciertamente no le da opciones a escoger si comer comida caliente o no, así deberían de haber respondido estos jóvenes antes la negativa, pero no, ellos saben que aun en esas circunstancias ese hombre y todos los hombres tenemos derechos a nuestra dignidad, sí tal vez él vive en las calles y duerme bajo un puente pero eso no le quitar valor e importancia al hecho que le gusta la comida caliente, nuestra caridad no se mide en lo que queremos dar solamente, nuestra caridad también se mide en saber respetar al prójimo aun cuando nos rechace. Los jóvenes terminaron ese día dando gracias a Dios por la oportunidad que les había dado de conocer gente nueva y de manera particular rezaron por ese hombre.

Vivimos en un mundo de indiferencia y a la orden del día está el insulto, esto ha creado una sociedad que no voltea la mejilla, el dolor ajeno parece tan lejano a través de la pantalla del teléfono que se nos olvida que muchas veces está a nuestro lado que muchas veces lleva nuestro mismo apellido que muchas veces trabaja conmigo, pensamos que si no hace las cosas como le digo pues no tiene caso ayudarle, tristemente muchas veces perdemos la oportunidad de voltear la otra mejilla porque no vemos un beneficio inmediato. "El mundo no va a cambiar cambia tu" dice el refrán popular, pero como sabemos cambiar no es algo fácil es más bien difícil ya que no sabemos por dónde empezar ni a donde ir, bueno quizás sería bueno practicar el voltear la otra mejilla y amar aun cuando no acepten nuestro amor.

Ama la que te odia, reza por el que rechaza ayuda y no temas al mal

Para voltear la otra mejilla hay cumplir una regla principal, el estar presente, es decir no podemos ayudar a nadie de lejos ni amar a alguien por correspondencia en algún momento tendremos que estar ahí frente a frente a esa persona que amamos y que muchas veces nos rechaza o peor aún nos odia.

¡Es que no me hace caso, ya le dije mil veces y no entiende!
Es el grito que muchas veces elevamos al cielo con desesperación cuando vemos que el hijo, la hija, el ser querido o el amigo no toma conciencia de su situación o no quiere cambiar, nos frustramos y caemos en el dolor de saber que estamos perdiendo a nuestro ser querido. Se nos nubla la vista y pensamos que no podemos hacer más nada.

> *"No jures tampoco por tu cabeza, porque no puedes convertir en blanco o negro uno solo de tus cabellos."*
>
> Mt 5,36

Jesús nos recuerda en el Evangelio cuan pequeños somos, cuan limitado es nuestro poder y cuanto necesitamos de Él, cuando todo parezca perdido cuando la oscuridad nos inunda y pensamos que no hay nada que hacer que todo está perdido recordemos que no depende solo de nosotros -porque podemos hacer tan poco- recordemos que Jesús no nos abandona y que siempre debemos recurrir a Él, cuando sientas que no puedas amar más, que las fuerzas no te alcanzan y que es imposible amar al que te odia ve la cruz de Cristo en la cual Él entrego su vida por todos nosotros sin importan cuanto le amemos, si tu enemigo se burla de ti ofrece una oración por él, si no te reciban voltea la otra mejilla y pídele a Dios por esa persona.

Si hay alguien en tu vida que te ha herido alguien que te ha rechazado, quizás alguien ser querido, compañero de trabajo, un hijo o el vecino, ofrezcamos esta oración de intercesión y sanación del P. Emiliano Tardif:

Padre de bondad, Padre de amor, te bendigo, te alabo y te doy gracias porque por amor nos diste a Jesús.

Gracias Padre porque a la luz de tu Espíritu comprendemos que él es la luz, la verdad y el buen pastor, que ha venido para que tengamos vida y la tengamos en abundancia.

Hoy, Padre, quiero presentarte a esta persona, hijo hija, familiar, Tú lo(a) conoces por su nombre. Te lo(a) presento, Señor, para que Tú pongas tus ojos de Padre amoroso en su vida.

Tú conoces su corazón y conoces las heridas de su historia.
Tú conoces todo lo que él ha querido hacer y no ha hecho.
Conoces también lo que hizo o le hicieron lastimándolo.

Tú conoces sus limitaciones, errores y su pecado. Conoces los traumas y complejos de su vida.

Hoy, Padre, te pedimos que por el amor que le tienes a tu Hijo, Jesucristo, derrames tu Santo Espíritu sobre este hermano(a) para que el calor de tu amor sanador penetre en lo más íntimo de su corazón.

Tú que sanas los corazones destrozados y vendas las heridas, sana a este hermano, Padre. Entra en ese corazón, Señor Jesús, como entraste en aquella casa donde estaban tus discípulos llenos de miedo. Tú te apareciste en medio de ellos y les dijiste: "paz a vosotros". Entra en este corazón y dale tu paz. Llénalo de amor.

Sabemos que el amor echa fuera el temor.
Pasa por su vida y sana su corazón.

Sabemos, Señor, que Tú lo haces siempre que te lo pedimos, y te lo estamos pidiendo con María, nuestra madre, la que estaba en las bodas de Caná cuando no había vino y Tú respondiste a su deseo, transformando el agua en vino.

Cambia su corazón y dale un corazón generoso, un corazón afable, un corazón bondadoso, dale un corazón nuevo.

Haz brotar, Señor, en este hermano(a) los frutos de tu presencia. Dale el fruto de tu Espíritu que es el amor, la paz y la alegría. Haz que venga sobre él el Espíritu de las bienaventuranzas, para que él pueda saborear y buscar a Dios cada día viviendo sin complejos ni traumas junto a su esposo(a), junto a su familia, junto a sus hermanos.

Te doy gracias, Padre, por lo que estás haciendo hoy en su vida.

Te damos gracias de todo corazón porque Tú nos sanas, porque tú nos liberas, porque Tú rompes las cadenas y nos das la libertad.

Gracias, Señor, porque somos templos de tu Espíritu y ese templo no se puede destruir porque es la Casa de Dios. Te damos gracias, Señor, por la fe. Gracias por el amor que has puesto en nuestros corazones.

¡Qué grande eres Señor!
Bendito y alabado seas, Señor.

7. Que todas las creaturas te alaban Señor, Dios en su creación

Durante muchos años de mi vida me toco manejar todas las mañanas hacia el Este para ir a trabajar, cada mañana que amanecía en Texas tenía la dicha de ver el amanecer y nunca vi dos iguales cada día era único y diferente, cada nuevo día me hablaba de Dios, cada amanecer me daba la oportunidad de darle gracias a Dios por la vida y toda su creación así que cuando me mudé al Sur de California hubo algo que de inmediato me cautivo y hasta la fecha me fascina, sus amaneceres y sus atardeceres.

¿Como es el amanecer y el atardecer del Sur de California? cada nuevo día los cielos nos hablan y nos invitan a contemplar la belleza del Sur de California, los amaneceres son dramáticos el sol naciente alumbra el mar y las montañas que poco a poco toman forma frente a nosotros, el horizonte se acerca a nosotros y el nuevo día nos recibe en nuestro ir y venir, sus atardeceres son una explosión de colores y emociones cada uno es propio, cada día que culmina se despide de nosotros de forma emocionante, la luz se aleja y parece no quererse ir, el mar nos roba al sol con la promesa de traerlo de vuelta en unas horas, al ocaso la belleza de los valles las montañas y palmeras se oculta para dar paso al descanso.

No puede uno dejar de maravillarse ante tanta belleza, no puede uno dejar de pensar en San Junípero y sus hermanos cuando por primera vez tuvieron ante sus ojos la belleza de este estado, uno camina por las misiones que se establecieron a lo largo de California y puede ver como se unen el esfuerzo de amar y evangelizar con la belleza del lugar que en un coro unísono nos habla de Dios.

En la otra costa del país, la estrambótica y cosmopolita Nueva York también nos envuelve con su belleza propia, acá pocos ven al cielo las calles y los rascacielos nos abrazan de tal manera que no podemos salir del encanto y es imposible mirar arriba, Nueva York es una cuidad especial es como si de pronto broto, el concreto y la naturaleza codo a codo se abren paso o más bien se ganan espacio y aun siendo tan pequeña parece tan eterna, la cuidad parece nunca acabar se extiende hasta el infinito y un día es tan largo como lo necesites y aquí se vive en las alturas pero también se hace morada bajo tierra cada pulgada cuenta y cuesta, el aire es escaso y nadie para a respirar y en esta fortaleza de ilusiones y negocios si tan solo paras un segundo puedes ver a Dios en su creación.

Dos lugares tan lejanos y a la vez tan similares, dos ciudades que te roban el alma si no tienes cuidado y que te secan el gozo si no paras un poco. Así es la realidad no solo de estas dos grandes ciudades, pero de casi todo mundo, ya rara vez paramos a observar el amanecer ¿Quién tiene tiempo para ver el atardecer? Y que es eso de disfrutar de una panorámica de entorno, nadie para, nadie puede hacer un alto o será que nadie quiere.

Desde las primeras líneas del libro del Génesis descubrimos un particularidad, cualidad y característica por demás maravillosa de Dios:

"Al principio Dios creó el cielo y la tierra"

Génesis 1, 1

Así de sencillo es, cuatro palabras que nos hablan de un Dios bueno, de un Dios intencional, de un Dios con un plan con un proyecto, de un Dios de amor y de un Dios activo. Solo aquel que es bueno crea, solo aquel que ama es capaz de planear, solo aquel que tiene un plan empieza un proyecto, nosotros somos eso que Dios creo y que desde el principio estamos en Él, "Dios creo" que frase tan profunda y maravillosa, no podemos más que mirar a nuestro alrededor y decir ¡en verdad Dios creo!

Pero el pulso de nuestros tiempos nos á robado esto, ya no nos dejamos maravillar por Dios no apreciamos su creación y mucho menos nos gozamos en su obra ¡que dolor! pasan los días y no paramos a contemplar a Dios en la creación.

Toda persona que ha pasado por una conversión hacia Dios experimenta un proceso de asombro al salir de la sombra y tinieblas del pecado, el convertido puede ver con nuevos ojos el mundo y de pronto descubre la belleza de la vida, sonríe y hasta el viento en la cara le produce emociones más sin embargo muchas veces esto es pasajero y la rutina de las labores le roba ese poder de asombro, es como ver un niño frente a un mago, sus ojos cada vez se hacen más grande al ver cada truco de magia el niño no quiere saber cómo lo hace solo está viviendo el gozo de estar maravillado y sorprendido. ¿Y qué sucede con un adulto? Totalmente lo opuesto, busca a toda costa ver cómo es que hace el truco el mago, agudiza los ojos y cuida todos los movimientos del mago para descubrir el secreto, no disfruta la maravilla del truco "de la magia" y termina hasta frustrado por no haber descubierto como lo hace.

Y qué común es esto para con Dios, no le dejamos que nos maraville que nos sorprenda queremos que Dios se ajuste a nuestras necesidades y emociones, hemos creado una serie de diositos en cajas pequeñas que usamos según nos convenga. Si estoy enfermo saco a dios doctor, si necesito dinero voy por dios banco y así vamos haciendo un dios a nuestra medida cuando debería de ser lo opuesto saber que Dios no ha hecho a su medida es más nos ha hecho "a su imagen y semejanza" esto no es cosa menor Dios nos ha creado y en su creación se manifiesta todo su amor.

Es por eso que hoy debemos recuperar el poder de asombro y de sorpresa ante Dios y su creación, hace un tiempo un amigo me compartía que el salía de su casa y se paraba viendo hacia el cielo y decía "hay Dios como no te puede ver, por favor déjame verte" esperando que Dios se manifestara de manera milagrosa, y que buenos deseos de mi amigo querer ver a Dios, y Dios se deja ver, Él está presente en toda su creación en la naturaleza que nos habla de una fuerza creadora superior a nosotros, en los cielos que pasan sin que podamos detenerlos y en cada hermano y hermana que cruza mi camino que son al igual que yo "creados a imagen y semejanza de Dios".

En la angustia y el dolor clamamos ¿Dónde estás Dios que no te veo? Acaso me has abandonado. Y Dios nos escucha y toda la creación nos hable de Él y de su amor.

Déjate sorprender por Dios, sal y respira, regálate una tarde, toma a tu esposa o esposo y caminen en el silencio de la naturaleza, háblales a tus hijos de como Dios es bueno, diles que Dios creo -que somos su obra y plan- que sus vidas son valiosas y tienen un plan. Al afligido y al que sufre recuérdale del amor de Dios dile que salga y vea como las aves, los peces, el sol y la luna hablan de Dios si solo escuchamos un poco.

Recuerda que la soledad es la ausencia de Dios en nuestra vida, no olvides que quien tiene a Dios nada le falta

Nada te turbe. Nada te espante todo se pasa, Dios no se muda. La paciencia todo lo alcanza; Quien a Dios tiene nada le falta; Solo Dios falta.

Eleva el pensamiento, Al cielo sube, Por nada te acongojes, Nada te turbe. A Jesucristo sigue Con pecho grande, Y, venga lo que venga, Nada te espante ¿Ves la gloria del mundo? Es gloria vana; Nada tiene de estable, Todo se pasa.

Aspira a lo celeste, Que siempre dura; Fiel y rico en promesas, Dios no se muda. Ámala cual merece, Bondad inmensa; Pero no hay amor fino Sin la paciencia.

Confianza y fe viva, Mantenga el alma, Que quien cree y espera Todo lo alcanza. Del infierno acosado, Aunque se viere, Burlará sus furores Quien a Dios tiene.

Vénganle desamparos, Cruces, desgracias; Siendo Dios su tesoro, Nada le falta. Id, pues, bienes del mundo; Id, dichas vanas; Aunque todo lo pierda.

Solo Dios basta.

Santa Teresa de Ávila ¡ruega por nosotros!

8. A Contra la Cultura de Muerte

Defender la vida desde la concepción hasta la muerte natural es nuestra postura como católicos y como iglesia, la defensa de la vida y los ataques en su contra siempre buscan acabar con el más débil e indefenso en primer lugar.

La familia, los niños y el amor a nuestros padres y abuelos son características de los latinos, cuando los padres envejecen la lucha es ver a que casa se van a vivir, el amor a la familia es natural para nosotros, somos gente que busca ser familia y que sufre cuando la familia sufre. Así que el reto más grande en nuestros días es defender a los más pequeños y débiles entre nosotros

¿y porque tenemos que hacer esto?

Solo siete países en el mundo hacen abortos legales después de los cinco meses, Estados Unidos es uno de ellos.

Seis estados del país han legalizado la eutanasia y uno más la aplica si una corte lo permite.

> "Estamos frente a una realidad más amplia, que se puede considerar como una verdadera y auténtica estructura de pecado, caracterizado por la difusión de una cultura contraria a la solidaridad, que en muchos casos se configura como verdadera cultura de muerte"[19] Juan Pablo II Evangelium Vitæ #12

Así definió San Juan Pablo II la proliferación de esta cultura que busca el placer propio y la comodidad inmediata como último fin, una cultura que es egoísta, pasional y falta de moral, una cultura que sin ningún reparo busca deshacerse de los "no-deseados, de la carga de aquellos que no son útiles" Margaret Sanger la fundadora de Planned Parenthood la organización responsable de la mayor cantidad de abortos al año en los Estados Unidos fue bastante clara al expresar cual era el propósito de esta organización "eliminar a los indeseables, a las minorías a los imbéciles" con estas palabras se refería a las minorías que ella y muchas personas como ella creían que no eran aptos para vivir. Una línea de pensamiento que ha logrado no solo continuar presente en nuestra sociedad pero que ahora se ha convertido en ley y derecho.

---

[19] http://www.vatican.va/content/john-paul-ii/es/encyclicals/documents/hf_jp-ii_enc_25031995_evangelium-vitae.html

Aborto 101

Desde que el aborto se legalizo en Estados Unidos en 1973 el genocidio de niños y los daños físicos, psicológicos y espirituales a mujeres han sido incalculable, los millones de bebes perdidos en esta guerra silenciosa son demasiados para contarlos, pero con todo y esto una de las luchas más duras en la defensa de la vida es la de poder hablar con la verdad y no esconder la realidad de lo que es el aborto. La gente que promueve el aborto dice "es un derecho reproductivo" ¿eh? Para el ciudadano regular no versado en biología y medicina (ósea casi todos nosotros) esta frase no parece nada ofensiva, es decir todos estamos a favor de derechos, todos queremos derechos, todos luchamos por derechos, pero hay derechos y hay "derechos".

Los derechos reproductivos deberían ser el de permitir que el matrimonio expanda su familia por medio de la prole – hijos- y que si el gobierno y las leyes se involucran en esto sea para procurar la ayuda y asistencia necesaria para que la madre y él bebe tengan un embarazo sano, derechos reproductivos serian que al haber un embarazo fuera del matrimonio la mujer no se sintiera condena y creyendo que la única opción a este "problema" es el aborto, la mujer nunca debería de ser denigrada y ofendida diciéndole que no puede ser madre simplemente porque su embarazo ha sido fuera del matrimonio, derechos reproductivos seria que aquella mujer que ha sido víctima de una acto violento tal como violación reciban todo el apoyo moral, social, psicológico y económico de parte del gobierno y familia para que el trauma de la violencia sea sanado y que su hijo se convierte en signo de esperanza y amor.

Esto en verdad sería una verdadera norma de derechos reproductivos, pero curiosamente los "derechos" de los que la sociedad nos habla son precisamente el quitarle el derecho a la mujer a ser madre. Ya lo mencionamos anteriormente, pero vale la pena recordar que hoy día un niño de 13-14 años no solo aprende de masturbación en la escuela, pero también recibir condones, pero no puede saber que es un aborto. Esta es la cultura que vivimos, una cultura de pecado en verdad.

Por el hecho que el aborto sea un acto legal la mayoría de la sociedad lo ha aceptado y tranquilamente dice "sé que está mal pero bueno es legal" y bueno recordemos que la esclavitud fue legal, la segregación racial fue legal, fue prohibido que hubiera matrimonio entre personas de diferente color de piel, fue prohibido que niños negros estudiaran con niños blancos, es decir a habido un montón de leyes y derechos que claramente fueron errores.

Hoy día hay dos crímenes que la sociedad no perdona, el racismo y el abuso sexual, dos crímenes que denigran a la persona hasta convertirla en un objeto, la dignidad humana es pisoteada y humillada, es el abuso de poder en donde el fuerte aplasta al débil ¿y no es esto mismo lo que vemos en el aborto? Él bebe en el vientre se vuelve un objeto sin valor, y todavía se utilizan artimañas y juego de palabras para presentar esto como la única solución a todo problema.

Que quede bien claro el aborto no es la solución a ningún problema social, el aborto no es la respuesta a la búsqueda de justicia social, el aborto al contrario es una afrenta al amor al prójimo y al bien común, si somos capaces de matar a los más débiles en nuestras sociedades ¿qué más seremos capaces de hacer?

El aborto provocado termina de manera directa con la vida de un niño por nacer de esto no debe de existir la menor duda la ciencia y el sentido común lo dictan, pero aun con esto, el solo hecho que es un acto legal parece suficiente para que muchas personas de buena voluntad y gran corazón no se atrevan a decir y hablar con la verdad -todo por no ofender-. Hoy día se libra una campaña de palabras y términos en la lucha por la vida. Si queremos ganar esta guerra habrá que nombrar el crimen, ya se, habrá alguno que diga y pensaran que no debemos juzgar ni criticar, que quien soy yo para decirle a una mujer que hacer, pero la verdad del caso es que esa actitud de falsa preocupación ha generado un genocidio de más de 55 millones de vidas perdidas, es tiempo de admitirlo que hemos fallado en ser honestos acerca del aborto.

Con gran tristeza he oído como padres de familia le dicen a sus hijas e hijos que todo menos que salgan embarazados y esto incluso con personas dentro de la iglesia y de nuevo como el aborto es legal pues eso da licencia para fallar a amar y respetar la vida.

Y que pasa cuando uno defiende la vida y le presentan a uno la siguiente pregunta

Si tanto quieres que no tenga un aborto ¿Pues quédatelo tú, quédate al niño tu? Eso es una recurrente de los que están a favor del aborto y de entrada parece una buena pregunta, pero también es una pregunta sumamente engañosa y falsa, veamos;

Si no quieres que tenga un aborto quédate tú al niño, así responden las personas a favor del aborto. -Pues no- Que recurras al aborto para evitar criar a un hijo no es correcto, que me digas que yo lo eduque tampoco es correcto-es tu hijo- tal vez no era tu intención ser madre o padre, pero ahora ya lo eres, eso es algo que aun quitando al bebe de tu vida siempre será tu hijo.

¿Qué clase de persona somos? Como es posible que ante la decisión de tener o no tener a un hijo dependa de que alguien más se haga cargo de él.

Y cuando una adolescente se embaraza rápido se recurre a "eliminar el error" cuando lo primero que deberíamos de hacer es reafirmarle nuestro apoyo y ayudarla a comprender esta situación y los cambios que vienen a su vida, ella tiene que saber dos cosas:

1) Aunque el embarazo sucedió por irresponsabilidad, no es excusa para condenar a muerte a su hijo.

2) Existen verdaderas opciones para ella y su bebe tales como la adopción. Su familia y la sociedad deberían de ayudarle a reconocer la vida que lleva dentro y darle la oportunidad de ser madre, que es la mayor alegría, regalo y consuelo que puede recibir ante una situación de embarazo inesperado.

La eutanasia 101

La mal llamada "muerte misericordiosa" como se conoce a la eutanasia es el hecho de permitir a una a persona a terminar con su propia vida porque según esta idea es mejor morir que estar sufriendo con alguna enfermedad, la realidad es que como vimos al inicio de este capítulo la meta de la cultura de la muerte es eliminar la mayor cantidad de personas que se consideran "inútiles e indeseables".

En todas las situaciones de eutanasia se mata a la persona antes de que la enfermedad la mate, si alguien tiene cáncer y le dan un pronóstico de cinco meses de vida la cultura de la muerte le dice que es mejor terminar con todo lo más pronto posible y al final nunca sabremos si eran cinco meses o cinco años...además se niega a el enfermo la oportunidad del último aliento, un último aliento que puede ser la gran oportunidad de conversión o de sanación, de despedirse del ser amado de ajustar alguna cuenta pendiente o de permitir a la familia a estar reunida.

Adelantar la muerte porque según no es justo sufrir es una falta de verdadera caridad, hemos olvidado el valor de sufrir su importancia para nuestra redención y salvación, cada día es más común encontrarnos que personas que piensan que el sufrir no sirve de nada que es una pérdida de tiempo y que en esta vida solo hay que gozar y ser feliz, en parte si es cierto que hay que gozar y ser feliz nadie quiere vivir en agonía veinticuatro horas al día pero también hay que recordar que por medio del sufrimiento crecemos, el sacrificio nos ayuda a madurar.

La cruz redentora en donde Cristo murió por nosotros no debe ser ajena ni extraña, el dolor y el sufrimiento tienen el poder de salvación, y un gran el poder de conversión, no olvidemos que fue por medio de una muerte dolorosa que fuimos redimidos, por medio de una muerte escandalosa fuimos salvados, por medio de la muerte del justo entre los justo es que la vida eterna es alcanzable, por medio de la Cruz fuimos redimidos y cómo es que hoy nosotros no podemos ver eso, como es posible que no veamos el poder del dolor si es encausado y valorado a la luz de cruz de Cristo.

El sufrimiento redime si lo sabemos aprovechar, es que cada dolor cada agonía cada sufrimiento puesto a la luz de la cruz nos ayude a comprender que no hay nada mayor que dar la vida por el hermano ¡que locura! Que todo mi dolor pueda salvar a mi hermano, pero así es, hay que aprovechar toda ocasión para amar al prójimo y de manera particular en la enfermedad debemos de ofrecer el consuelo de Jesús que supo sufrir porque sabía por quién lo hacía...nosotros y porque lo hacía. nuestra salvación y el perdón de nuestros pecados.

La mayor lucha de nuestros días es entender que eliminar personas no es la solución que no podemos simplemente "eliminar" el dolor y decir que para todo hay salida fácil, como católicos debemos de valorar y apreciar las oportunidades de santificación que el dolor trae.

Recuerdo el día que mi esposa empezó con los dolores de estómago debido a piedras en la vesícula me llamo al trabajo para que regresara a casa para llevarla al hospital, pasamos a recoger a nuestra hija a la escuela, al llegar a la escuela el párroco venia saliendo de la escuela y le pedí que por favor le rogara a Dios por mi esposa, el me pregunto que donde estaba ella, le dije que en el carro, camino conmigo y llegamos al carro, mi esposa se torcía del dolor en el asiento y lágrimas llenaban su rostro copiosamente el sacerdote tomo sus manos y empezó a orar por ella, una oración por demás bella y lo que más recuerdo fueron estas palabras "ofrece este dolor por tu familia, por aquellos que no creen en Dios por los necesitados" salimos rumbo al hospital y ya ella estaba más tranquilo y por un instante el dolor había pasado, nos alegramos y dimos gracias a Dios...sin saber que ella pasaría tres días de agonía y dolor antes de que recibiera la sanación y la operaran para quitarle la vesícula.

Nadie escapa al dolor es parte de nuestra condición humana pero solo en Cristo el dolor tiene sentido y es benéfico. Jesús sintió dolor y sufrimiento por nosotros para salvarnos porque nuestras vidas valen cada gota de sangre que derramo que injusticia que el hombre posmoderno no valore la vida de la misma manera.

Abramos los ojos y ante la cultura de la muerte que precisamente solo ofrece eso ¡muerte! digamos con valor y coraje que nuestra vida tiene valor y que aun en el sufrimiento y dolor nosotros tenemos una meta mayor, somos barro en las manos del alfarero que tiene que ser curtido en el fuego, el fuego de salvación, el dolor y el sufrimiento no son condena son caminos de salvación.

Señor, cuando tenga hambre, dame alguien que necesite comida; Cuando tenga sed, dame alguien que precise agua; Cuando sienta frío, dame alguien que necesite calor.

Cuando sufra, dame alguien que necesita consuelo;

Cuando mi cruz parezca pesada, déjame compartir la cruz del otro; Cuando me vea pobre, pon a mi lado algún necesitado.

Cuando no tenga tiempo, dame alguien que precise de mis minutos;

Cuando sufra humillación, dame ocasión para elogiar a alguien; Cuando esté desanimado, dame alguien para darle nuevos ánimos.

Cuando quiera que los otros me comprendan, dame alguien que necesite de mi comprensión; Cuando sienta necesidad de que cuiden de mí, dame alguien a quien pueda atender; Cuando piense en mí mismo, vuelve mi atención hacia otra persona.

Haznos dignos, Señor, de servir a nuestros hermanos;

Dales, a través de nuestras manos, no sólo el pan de cada día, también nuestro amor misericordioso, imagen del tuyo.

Santa Teresa de Calcuta

9. Bendita Juventud

Cada 30 segundos un joven latino cumplen 18 años...paremos aquí por un momento, esta es una estadística por demás sorprendente, es decir el tiempo que te tomo leer este párrafo un joven latino cumplió la mayoría de edad.

Estados Unidos será definido por las generaciones que vienen, el futuro de nuestro país lo dictaran nuestros jóvenes latinos ¡así es! Dentro de poco nuestros jóvenes tendrán la oportunidad de ser agentes de cambio, se graduarán de la universidad, empezaran sus propios negocios tendrá posiciones de mando en el gobierno y en la industria privada.

Esto no es una locura o algo que solo nace de un deseo personal, no, esta es la realidad de nuestra sociedad, mientras otras comunidades disminuyen el número de hijos por familia nosotros como hispanos seguimos en avance, es decir nuestras familias siguen siendo numerosas y esto es lo mejor que le puede pasar a Estados Unidos.

Por lo general si me toca ir a la tienda alguno de mis hijos siempre quiere ir -claro es más que sabido que algo van a querer- así que ese día no fue raro que todos voluntariamente se ofrecieran a ir, llegamos al supermercado y los cuatro se colgaron del carrito de compras, toda una odisea maniobrar el carrito con todos encima pero bueno ya tenía yo algunos años de experiencia así que ya se imaginaran, un carrito lleno de hijos y un padre ¡empujando y pujando! Al ir entrando a la tienda a la distancia venia una dama de no menos de sesenta años, de pronto ella empieza a gritar ¡stop! ¡stop! ¡stop! Yo me paralizo por un instante volteo a mí alrededor y me voy cuenta que soy la única persona ahí, ella continua gritando, yo no sé qué hacer, digo entiendo que stop significa parar y eso hago, la dama cada vez está más cerca de mí y no deja gritar mi hija mayor me voltea a ver sorprendida, yo no sé qué hacer y no entiendo nada para entonces la dama esta ya enfrente de nosotros, mis hijos y yo la vemos sin tener la menor idea de que está pasando ella me ve fijamente a los ojos y me dice:

¡no more babies!

Estoy en estado de shock no sé qué decir -bueno no digo nada- ella continua su camino y sale de la tienda, volteo a ver a mi hija Audrey solo atinamos a reírnos.

Es muy común que la gente se sorprenda cuando le digo que tengo cinco hijos, así es amigos, después de ese encuentro por demás raro con la dama del supermercado Dios nos ha regalado otro hijo y aunque he regresado a la tienda no he vuelto a la verla.

Esta es nuestra realidad, una comunidad joven y vibrante que ya no es extranjera en estas tierras y que en muchas partes nunca lo ha sido, estamos viviendo una transformación social aquellos que solo veían hacia adentro ahora ya necesitan un lugar en la mesa, los Nuevos Estados Unidos de América están sucediendo y los jóvenes latinos están al frente de este cambio social es maravilloso ver la facilidad con la que los jóvenes latinos se desenvuelven entre inglés y español..."como estas, nice to see you" ... pueden desayunar huevo con arroz y cenar chicken fried steak...lo mismo escuchan salsa que hip hop...y todo esto enriquece a la sociedad y al país.

Pero hay en todo este crecimiento y desarrollo una disparidad tremenda, mientras por un lado los números nos dicen una cosa la realidad nos habla de otra. No podemos quedarnos en las estadísticas de saber que somos muchos y somos jóvenes porque estas estadísticas también hablan de una realidad muy dura, cada vez es mayor el número de jóvenes hispanos que dejan la escuela los "dropout" no se diga de las cárceles que están llenan de jóvenes que deberían estar en casa o la escuela y no en una prisión, sin contar la cantidad de jovencitas latinas embarazadas que cada año terminan truncando su vida y su futuro y que en muchos casos por falta de apoyo, y que sin entendimiento recurren al aborto como válvula de escape como solución a una situación inesperada.

La lista de retos y dificultades para la comunidad latina en los Estados Unidos es considerable, larga tediosa y repetitiva...La lista de virtudes y valores es mucho mayor, los beneficios sobrepasan las dificultades, pero a esto hay que ponerle un rostro, un nombre, una voz y un alma porque el latino en Estados Unidos, el joven latino de esta nación es más que un número o una estadística... Es una realidad es una persona.

"No se dejen vencer por el pesimismo, la inercia o los problemas. Antes bien, fieles a los compromisos que adquirieron en su bautismo, profundicen cada día en el conocimiento de Cristo y permitan que su corazón quede conquistado por su amor y por su perdón.

> La Iglesia en los Estados Unidos, acogiendo en su seno a tantos de sus hijos emigrantes, ha ido creciendo gracias también a la vitalidad del testimonio de fe de los fieles de lengua española. Por eso, el Señor les llama a seguir contribuyendo al futuro de la Iglesia en este País y a la difusión del Evangelio. Sólo si están unidos a Cristo y entre ustedes, su testimonio evangelizador será creíble y florecerá en copiosos frutos de paz y reconciliación en medio de un mundo muchas veces marcado por divisiones y enfrentamientos.
>
> La Iglesia espera mucho de ustedes. No la defrauden en su donación generosa. "Lo que han recibido gratis, denlo gratis" (Mt 10,8). Amén.
>
> Benedicto XVI Washington D.C. abril 17 2008[20]

Con estas palabras el Papa Benedicto XVI nos habló a la comunidad latino de Estados Unidos, un mensaje que se oyó fuerte y claro y que además fue dado en ¡español! No se dejen vencer, aprendan de Cristo y dejen que él les ilumine su entendimiento, que palabras tan hermosas y cuantos de nuestros jóvenes necesitan exactamente oír esto. Cristo es la fortaleza para vencer los obstáculos y las tentaciones, entre las muchas cosas que los jóvenes necesitan no hay una superior a entablar una relación personal con Jesús

---

20

http://www.vatican.va/content/benedict-xvi/es/homilies/2008/documents/hf_ben-xvi_hom_20080417_washington-stadium.html

¿Es que no sé qué hacer?
¿Estoy solo?
¿Nadie me ayuda?

Podemos continuar escribiendo las muchas preguntas y dudas que nuestros jóvenes tienen hoy día y muchas de estas dudas por demás validas, quien no recuerda de joven haber dudado y cuestionado, todos fuimos un poco rebeldes en nuestra juventud –bueno unos más que otros- pero como el Papa Benedicto a dicho dejemos que Cristo conquiste nuestro corazón. En Cristo esta la fortaleza para vencer los obstáculos y las tentaciones, entre las muchas cosas que los jóvenes necesitan no hay una superior a entablar una relación personal con Jesús una relación intencional.

Jóvenes intencionales

Joven hoy día tus retos son muchos, tantas preguntas, tantas opciones, tanto que hacer tanto que ver, tanto que oír, tanto que conocer y aun en medio de este océano de cosas, solo una basta para empezar, deja que Cristo se una a tu corazón, que locura que concepto tan radical de Papa Benedicto "Sólo si están unidos a Cristo y entre ustedes" ¡que novedad tan antigua! jóvenes unan su corazón al de Cristo y unan sus corazones entre ustedes.

Sean intencionales en su vida, son demasiadas las historias de jóvenes que no supieron ser intencionales en su vida y terminaron donde no quieran, sin una guía y sin un lugar a donde ir o sin una razón por que ser, todo pierde sentido.

Tengan la intención de buscar a Dios, que este encuentro sea honesto y de corazón a corazón para que Él que todo lo puedo los guie a encontrar la intención para sus vidas, ese deseo de explorar y conocer de saber de más ¡de ser más! Pónganlo en primer lugar ante Dios y el que es todo amor los ayudara a llenar cualquier deseo y ansiedad.

> "Es imposible pretender cosas extraordinarias de la juventud, ya es bastante lograr simplemente que sean buenos y que estén siempre alegres".
>
> Don Bosco

El gran San Juan Bosco "Don Bosco" lo decía sin cesar jóvenes sean alegres y que su alegría sea sincera, no busquen la alegría en cosas pasajeras porque así será dicha alegre, llegará y se marchara sin avisarnos y quedaremos más vacíos que antes. Si quieres ser verdaderamente feliz procura estar en la Gracia de Dios, dijo Don Bosco.

"No sean poquiteros" no le den menos que el mínimo a Dios, si te animas a darle el mínimo Él se encargara del resto, si quieres encontrar el verdadero propósito para tu vida pregúntale a Dios, que antes de que nacieras ya te tenía pensado. Para llegar a escuchar la voz de Dios y tener una verdadera relación con El ¡No tengáis miedo! la repetición crea perfección en cualquier disciplina de la vida para triunfar hay que repetir estudiar y prepararse, los grandes actores solo alcanzan su madurez tras muchos años de actuación cualquier deportista de alto rendimiento necesita una constancia para ser el mejor, la finura de un escritor solo la logra tras muchos libros ensayos y hoja vueltas a empezar. Y así es que nuestra misión con nuestros jóvenes, siempre alentarlos a buscar lo que están llamándonos a hacer.

No es solo una cuestión de desarrollo material, social, psicológico y familiar que los jóvenes buscan, ellos buscan un sentido mayor y una alegría plena que atreves de su vocación de vida les de ese gozo y paz que marcaran su vida y que forjaran su destino. Los jóvenes buscan a Dios aun cuando lo no saben.

¿Es acaso el joven de Estados Unidos tan diferente al joven de Latinoamérica?

¡Por supuesto que no!

El joven de acá sueña igual que el joven de allá, el joven de allá sufre como el joven de acá, en la juventud la sed de conocimiento es enorme por eso el joven quiere explorar conocer y hacer de todo, en la juventud la sangre hierve y no hay frío que la calme todo mundo quiere ser revolucionario así que es ahí en ese momento que hay que entrarle con los jóvenes, su sed y hambre necesitan ser saciada con el amor de

Dios, necesitan oír que Jesús los ha amado y los ama hasta dar su vida por ellos, tenemos que avisarles que son más que la ropa que usan que su vida vale más que una noche de pasión, alguien tiene que avisarles que Dios tiene planes grandes para ellos, si queremos que nuestros jóvenes latinos vivan con valores y principios que sean hombre y mujeres de fe tienen que escucharlo de nosotros.

> "Pero presta atención y ten cuidado, para no olvidar las cosas que has visto con tus propios ojos, sin dejar que se aparten de tí corazón un solo instante. Enséñalas a tus hijos y a tus nietos.
>
> Deuteronomio 4,9

El peor error que podemos hacer es creer que el joven no escucha, si nosotros callamos nadie más hablara y nuestros jóvenes caerán víctimas del mundo por eso no hay que tener miedo de hablarles y escuchar, de animarlos a descubrir su vocación.

La vocación de vida

> Señor Jesús, tu Iglesia en camino hacia el Sínodo dirige su mirada a todos los jóvenes del mundo. Te pedimos para que con audacia se hagan cargo de la propia vida, vean las cosas más hermosas y profundas y conserven siempre el corazón libre. Acompañados por guías sapientes y generosos, ayúdalos a responder a la llamada que Tú diriges a cada uno de ellos, para realizar el propio proyecto de vida y alcanzar la felicidad. Mantén abiertos sus corazones a los grandes sueños y haz que estén atentos al bien de los hermanos. Como el Discípulo amado, estén también ellos al pie de la Cruz para acoger a tu Madre, recibiéndola de Ti como un don. Sean testigos de la Resurrección

y sepan reconocerte vivo junto a ellos anunciando con alegría que tú eres el Señor.[21] *Amén*

Papa Francisco, oración por los Jóvenes en vista del Sínodo de los Obispos 2018

10. Un Tiempo Para Detenerse

---

[21] http://www.vatican.va/content/francesco/es/prayers/documents/papa-francesco_preghiere_20170408_giovani.html

Hay un momento para todo y un tiempo para cada cosa bajo el sol: Eclesiastés 3,1

Salí a toda prisa de la Misa 7:30 pm marcaba el reloj exactamente, tenía 20 minutos para llegar a una reunión así que al salir a toda velocidad de la iglesia no vi a Fray Mario que venía entrando, apenas noté la figura de alguien al pasar por su costado, justo cuando la figura iba quedando atrás sentí una mano que me tomaba del hombro, al voltear me sonrío y sin dejar de sonreír me saludo ¿Hola, como esta? En mi apuro solo supe decirle, bueno era más una queja que un saludo "hay padre porque el día no tiene 26 horas" sin dejar de sonreír Fray Mario me contesto, porque entonces necesitarías 28 horas, ¡Eh! No entendí nada en absoluto, lo saludé y me fui a la reunión, ya terminada la reunión en camino a casa no dejaba de pensar en estas palabras "necesitarías 28 horas" ¿qué quiso decir?

Un par de días pasaron y todo seguía normal es decir corriendo de un lado a otro, siempre con prisas, siempre mucho que hacer y nunca tiempo suficiente para hacerlo. Y fue ahí en medio de este caos que descubrí el mensaje de aquellas sabias palabras de Fray Mario "necesitaras 28 horas" es decir NUNCA tendrás tiempo suficiente, siempre querrás hacer más, si no valores el tiempo que tienes ahora ¿Cómo es que pides más? Si no sabes manejar tu tiempo actual como pides más, si aún estás viviendo en tu tiempo para que necesitas más.

"Hay un tiempo para todo y para cada cosa bajo el sol" dice la palabra de Dios en el Libro del Eclesiastés, pensemos en cada fin de año, en como cada 31 de diciembre pensamos en lo pasado y lo futuro, planeamos lo que ha de venir despedimos lo que ha sido. Cada fin-comienzo de año es un buen "tiempo" para pensar en eso, en nuestro "tiempo".

Para los griegos el tiempo muy importante, el tiempo representaba mucho más que nuestra idea actual y tan importante era que tenían dos palabras para hablar de él, Cronos y Kairós.

Cronos es la medida y cuantificación de los momentos que vivimos, las palabras cronología y crónica nos ayudan a entender esta visión de tiempo en cronos, es la noción de hechos, sucesos y personas que interactúan con nosotros en un momento determinado de nuestra vida, son las acciones y decisiones que tomamos a lo largo de nuestra vida, celebramos nuestro cumpleaños en cronos, morimos en cronos.

Cronos es el registro terrenal de nuestra existencia, la constancia de que por aquí pasamos.

Kairós por su parte se refiere a un "momento" no en el concepto actual ya que podemos caer en la idea errónea que pensar que Kairós es tiempo pasajero, por el contrario Kairós es el "momento" eterno del tiempo, es la eternidad que no puede ser encerrada en circunstancias pasajeras pensemos en el primer amor, en el primer beso, en el primer recuerdo, estos momentos están en el Kairós, porque son permanentes, no han pasado recordarlos es vivirlos es como si estuvieran presentes frente a nosotros.

Kairós es la eternidad de nuestro ser, es el tiempo eterno y presente. Es decir, vivimos en un tiempo concreto (cronos) pero nuestra meta es el tiempo eterno (Kairós), nuestro tiempo está encaminado hacia Dios

> *Yo comprendí que lo único bueno para el hombre es alegrarse y buscar el bienestar en la vida.*
>
> Eclesiastés 3,12

Así describe el Eclesiastés como debe vivir el hombre, buscando su felicidad y haciendo el bien, pero si el hombre esta tan ocupado como va a tener el tiempo de ser feliz, pues tenemos que aprender a reconocer que en verdad hay un tiempo para todo y que Dios nos ha dado el don de reconocer esto, que maravilla es recordar lo pasado y planear el futuro, que don tan bello de revivir las memorias de aprender de los errores y de esperar un mejor mañana. Pero también hay que ser conscientes del tiempo presente del hoy que está con nosotros. Que mentira tan grande el creer que no tenemos tiempo, que no puedo estar con mi familia porque no tengo tiempo, que no me reconcilio con mi hermano porque después tendré tiempo, que no voy a Misa porque no me alcanza el tiempo, que no disfruto de la vida porque no tengo tiempo, que no rezo porque no hay tiempo. Cuando en verdad lo único que tenemos es eso, tiempo.

Reconociendo el tiempo

Es sorprendente como paso el tiempo a otro ritmo cuando se está de visita, cuando no se está atado a un horario, visitar a un familiar o salir a un lugar lejano siempre le ayudan a uno a dejar de pensar en el tiempo, se desconecta uno del reloj y por un momento el tiempo no importa. Pero no debería ser así, es decir qué bueno que uno se sienta libre del tiempo cuando se sale de vacaciones o de visita, deberíamos ser más conscientes de la necesidad de vivir cada momento, cada tiempo.

¿En qué pasas más tiempo hoy día?

Trabajo contestara la gran mayoría de personas sin dudarlo

¿Y porque trabajas tanto?

Para sostener mi familia contestara la gran mayoría de personas.

Un par de respuestas buenas, pero no suficientes, si el propósito del trabajo es ayudarnos a sostener la familia esto deberá incluir tiempo para estar con la familia, no todo es cuestión material, la familia también se sostiene con la presencia con el compartir y pasar tiempo juntos.

A veces el sacrificio mayor es precisamente más tiempo en familia, dejar de ganar dinero para ganar tiempo, dejar lo material por lo esencial. La crisis de falta de tiempo es real y afecta de manera particular a la familia.

Por eso en un acto de honestidad y heroísmo reconozcamos donde esta nuestro tiempo, donde ponemos nuestras horas de vida y si la familia no aparece ahí pues hay que reajustar esto. Y solo con una actitud heroica se puede lograr esto, no será fácil desprenderse de la rutina y el trabajo, no será fácil decir hasta aquí, no será fácil dejar esos billetes en la mesa, habrá que ser honesto y actuar como los verdaderos héroes y darlo todo por la familia.

El esposo y la esposa tienen que darse su tiempo propio, reconocer el lugar que cada uno se merece y darse el tiempo que es de ambos -un tiempo que además les ayuda a crecer juntos- si no hablamos no escuchamos, si no escuchamos no sabemos y si no sabemos no amamos. Nadia ama lo que no conoce. Las horas del matrimonio son horas sagradas.

El tiempo con los hijos es cuestión de convicción, es convencerse que los hijos merecen un tiempo propio que quizás como padre no creas que es necesario, "ellos se entretienen solos" "no me necesitan" pensaran muchos padres y esto es un error masivo, claro que los hijos necesitan a sus padres, ellos quieren escuchar a sus padres, quieren hablar con sus padres pero claro un chico de 15 años no lo va a decir, una niña de 8 años no lo va a exigir pero ambos lo necesitan, los hijos no son el reflejo de los padres, son el resultado del tiempo de sus padres, si un padre nunca está en casa su hijo no puede ser su reflejo ya que nunca lo ve no lo podrá reflejar, si un padre no le da tiempo a sus hijos ellos utilizaran este tiempo en otras cosas que por lo general no son buenas.

Sin olvidar el tiempo de Dios que es eterno y que siempre está presente si nosotros así lo queremos, Dios es su sabiduría eterna nos concede nuestro tiempo y nunca busca entrar a fuerzas a nuestra vida pacientemente espera a que nosotros le hagamos un "tiempo" y no desaprovecha ese tiempo cuando se lo damos.

No perdamos esa oportunidad de darle un tiempo al que nos dio la vida, la oración es comunicación, es un intercambio entre nosotros y Dios, cuando oramos no solo hablamos también escuchamos y si esta oración es rápida perdemos la oportunidad de escuchar aquello que Dios tiene para nosotros, recuerdan el hombre de mi parroquia que antes de dejar la iglesia le dio un tiempo a Dios, ese hombre aun con la decisión ya tomada de irse le dio un tiempo a Dios, y Dios no desperdicio ese tiempo por el contrario fue lo mejor que ese hombre hizo con su tiempo.

Cualquier lugar es bueno para darle un espacio y tiempo a Dios, cuando vamos a la iglesia y nos postramos ante su presencia hacemos un acto mayor, un esfuerzo de separarnos del mundo y entrar en su presencia y darle esos momentos solo a Él, pero también podemos invitarlo a nuestra vida constantemente parar un instante y aprovechar para hablar con Él, para rezar, para escucharlo para que Él guie nuestra vida.

¿Cómo está tu tiempo con Dios?

El hizo todas las cosas apropiadas a su tiempo, pero también puso en el corazón del hombre el sentido del tiempo pasado y futuro.

Eclesiastés 3, 11

No faltará quien en la otra orilla piense que Dios quiere todo su tiempo no importando familia o más nada "debo servir a Dios por completo" alguien dirá ¿y es esto cierto? Acaso Dios no quiere que tengas tiempo para tu hogar o tus obligaciones siempre será más fácil ver al prójimo cuando este no tiene mí mismo apellido o no vive en la misma casa, ahi si encuentro el tiempo de ayudar ahí se entregó todo mi tiempo y cuando falta de orden esto.

Sin orden no hay seguimiento de Dios, nadie se lanza al vació sin tener una razón, si vamos a seguir a Dios debe haber una razón de amor y debe de empezar al darle tiempo a mi metro cuadrado, en mi hogar con mi familia en mi trabajo.

> *"Cuando tengas orden se multiplicará tu tiempo, y, por tanto, podrás más gloria a Dios."*
>
> San José María Escrivá Camino #80[22]

Dale orden a tu tiempo y ahí en tú tiempo Dios estará.

---

[22] https://www.escrivaobras.org/book/camino-capitulo-2.htm

Una palabra al silencio.

Finalmente, no podemos hablar de un tiempo con Dios sin hablar del silencio que es tan necesario hoy día, sin entrar en toda una larga explicación de la necesidad del silencio, gente más sabia ya lo ha hecho -les recomiendo el fabuloso libro "La fuerza del silencio" del Cardenal Robert Sarah- solo quiero tocar brevemente que todo esfuerzo de sincronizar nuestro tiempo con el de Dios para poder entender su plan en nuestra y para entender la importancia del tiempo en familia y la necesidad de no vivir ahogado por falta de tiempo comienza cuando bajamos los decibeles del ruido en nuestra vida y ponemos oídos a Dios. Apaga el ruido de afuera y escucha la voz de adentro, deja que Dios hable.

El silencio es el mejor acompañante si nuestra búsqueda es Dios, el silencio es nuestro mejor aliado si lo que deseamos es Jesús, no hay mejor manera de acercarnos al misterio del amor infinito de Dios que en el silencio en donde dejamos todo y nos sometemos a este amor que es mayor y sobrepasa todo, que nos llega al tiempo eterno de Dios creador.

Al principio da miedo no saber que sigue, la expectativa de lo que no se conoce nos puede engañar a salir corriendo de este silencio, pero si realmente deseamos entrar en unión con Dios aun con nuestro miedo y debilidades dejemos que Él hable porque cuando detenemos el tiempo nuestro y entramos a su tiempo Él nos transforma con su amor.

Déjate amar en silencio, Dios dueño de toda palabra y de todo sonido no te exige nada que no puedas dar y de lo poco que le podemos dar es nuestro tiempo y nuestro silencio para que su voz nos guie y nos encamine por sus caminos para que nos dé la sabiduría de ordenar nuestro tiempo a lo que Él nos pide.

> *"Yo sé lo que Dios quiere de mi" dice el soberbio.*
>
> *"Porque él nos dice en la Escritura: En el momento favorable te escuché, y en el día de la salvación te socorrí. Este es el tiempo favorable, este es el día de la salvación."*
>
> 2 Corintios 6,2

Si supiéramos lo que Dios quiere de nosotros no lo diríamos más bien lo viviríamos, si no has callado no has escuchado, reconozcamos que más bien en el fondo de nuestro corazón late el deseo de conocer lo que Dios quiere de nosotros y el deseo de saber en el tiempo de Dios es perfecto y En su tiempo todo será posible para mayor gloria suya y para nuestro bien eterno.

El joven Samuel servía al Señor en la presencia de Elí. La palabra del Señor era rara en aquellos días, y la visión no era frecuente.

Un día, Elí estaba acostado en su habitación. Sus ojos comenzaban a debilitarse y no podía ver. La lámpara de Dios aún no se había apagado, y Samuel estaba acostado en el Templo del Señor, donde se encontraba el Arca de Dios.

El Señor llamó a Samuel, y él respondió: «Aquí estoy».

Samuel fue corriendo adonde estaba Elí y le dijo: «Aquí estoy, porque me has llamado». Pero Elí le dijo: «Yo no te llamé; vuelve a acostarte». Y él se fue a acostar.

El Señor llamó a Samuel una vez más. Él se levantó, fue adonde estaba Elí y le dijo: «Aquí estoy, porque me has llamado». Elí le respondió: «Yo no te llamé, hijo mío; vuelve a acostarte». Samuel aún no conocía al Señor, y la palabra del Señor todavía no le había sido revelada.

El Señor llamó a Samuel por tercera vez. Él se levantó, fue adonde estaba Elí y le dijo: «Aquí estoy, porque me has llamado».

Entonces Elí comprendió que era el Señor el que llamaba al joven, y dijo a Samuel: «Ve a acostarte, y si alguien te llama, tú dirás: Habla, Señor, porque tu servidor escucha». Y Samuel fue a acostarse en su sitio.

Entonces vino el Señor, se detuvo, y llamó como las otras veces: «¡Samuel, Samuel!». Él respondió: «Habla, porque tu servidor escucha».

Samuel 3, 1-10

Señor concédenos la dicha y la voluntad de escucharte y atrevernos a vivir en comunión contigo y en acuerdo con tu plan de salvación. Permítenos que esta nación nuestra, estos nuestros Estados Unidos de América cada día sea más tuya y que nosotros nunca dejemos de ser católicos y latinos. Y qué nuestra obra sea para la multiplicación del Reino de Dios.

Finalizado el decimoctavo Domingo de Tiempo Ordinario 2021. El Evangelio de la multiplicación de los panes Mateo, 14, 13-21

Bibliografía & Notas

1; Los números en el porcentaje de Latinos en Estados Unidos cambiara después del Censo de 2020.

La pagina oficial del Censo www.census.gov reportaba la cifra indica en 2010.

https://www.census.gov/quickfacts/fact/table/US/PST045219

2; Joe Holland, Peter Henriot, SJ "Social Analisis" Linking Faith and Justice. Prefacio

3; Existe diversas fuentes que ahonda en esta época de discriminación religiosa y social, hemos e tomada esta por propósito de mantener el texto corto y ágil.

http://www.history.com/news/when-america-despised-the-irish-the-19th-centurys-refugee-crisis

4; Este terrible hecho fue el culmen de una constante presión social y una política nacionalista y puritana.

https://www.irishcentral.com/roots/history/bloody-monday-riots-1855-irish-catholic-immigrants

https://www.cathedraloftheassumption.org/history/audio-tour/story-of-bloody-monday/

5; De los archivos de arzobispo José Gómez

https://www.archbishopgomez.org/article/national-red-mass-911

6; Gran parte de la misión de San Junípero Serra contribuyo directamente al Desarrollo de California.

https://www.library.ucdavis.edu/news/short-history-wine-making-california/#:~:text=The%20story%20of%20wine%20in,Diego%20de%20Alcal%C3%A1%20in%201769.&text=Those%20miners%20were%20a%20thirsty,for%20wine%20exploded%20as%20well.

7; De los archivos de arzobispo José Gómez

8; La canonización de San Junípero Serra, la primera en Tierra Estadounidense fue un evento extraordinario y alentador.

https://www.aciprensa.com/noticias/canonizacion-de-fray-junipero-serra-en-santuario-inmaculada-concepcion-de-washington-dc-93703

9; Una de las figuras mas importantes del catolicismo en Estados Unidos, logro algo inaudito en la todavía muy protestante nación, adquirir y mantener una presencia activa en radio y televisión.

https://www.britannica.com/biography/Fulton-J-Sheen

10; Tal ves la gran mayoría de nosotros no sabíamos el nombre de los santos que esta nación ha dado a la iglesia.

http://www.usccb.org/about/public-affairs/backgrounders/santos.cfm

11; El tema de la inmigración Latina a Estados Unidos esta en constante Desarrollo, a lo largo de los siglos y de manera paulatina esta migración a sido una constante y aun queda mucho por escribirse

https://www.nps.gov/articles/themestudyinmigracion.htm

12; Las cifras demuestran el impacto que los latinos témenos y tendremos dentro de la iglesia.

http://www.usccb.org/issues-and-action/cultural-diversity/hispanic-latino/demographics/datos-demograficos-sobre-los-catolicos-hispanos-latinos-en-estados-unidos.cfm

13; Los capítulos 4 y 6 del Deuteronomio hablan de la importancia de mantener los mandamientos y normas de Dios, ya que el capitulo cinco nos da una de las versiones del Decálogo.

Deuteronomio 6,7

14; Cada rito dentro de la iglesia esta lleno de signos y palabras que nos trasmiten el mensaje de salvación.

Ritual Para el Bautismo De Los Niños, Numero 38,39, 40.

15; El Papa Benedicto en mas de una ocasión hablo de la importancia de perseverar en la fe y de transmitirla

http://www.vatican.va/content/benedict-xvi/es/speeches/2007/february/documents/hf_ben-xvi_spe_20070222_clergy-rome.html

16; Detrás del glamur y la idea de la belleza externa, playboy y muchas otras publicaciones de su tipo esconden una verdad de muerte

https://www.mediaite.com/online/playboy-donates-25000-to-abortion-charity-in-response-to-alabama-law/

17; San Juan Pablo II nos ha dejado un legado sustancial de su pensamiento y de su sabiduría.

http://www.vatican.va/content/john-paul-ii/es/encyclicals/documents/hf_jp-ii_enc_14091998_fides-et-ratio.html

18; Sin duda que la Comunidad de Frailes de Renovación han sido una bendición para la Iglesia

http://www.outcaststhemovie.com/

19; Evangelium Vitae presenta la visión y misión no solo de la iglesia como institución, pero la necesidad de todos los laicos ha abogar y defender la vida.

http://www.vatican.va/content/john-paul-ii/es/encyclicals/documents/hf_jp-ii_enc_25031995_evangelium-vitae.html

20; La visita del Papa Benedicto a la capital de la nación y su mensaje en español durante la misa en el estadio de los Washington Nationals expreso su cercanía con el pueblo hispano.

http://www.vatican.va/content/benedict-xvi/es/homilies/2008/documents/hf_ben-xvi_hom_20080417_washington-stadium.html

21; En preparación al Sínodo de los jóvenes el Papa Francisco alienta a los jóvenes a buscar su vocación.

http://www.vatican.va/content/francesco/es/prayers/documents/papa-francesco_preghiere_20170408_giovani.html

22; San José María Escrivá de Balaguer, el santo de lo ordinario siempre nos invita a buscar a Dios y ponerlo de prioridad.

San José María Escrivá Camino #80

https://www.escrivaobras.org/book/camino-capitulo-2.htm

Índice bíblico

Juan 1, 38-39	Introducción pagina 4
1 Corintios 10, 23	Pagina 23
Juan 6, 68	Pagina 30
Juan 3, 1-2	Pagina 35
Juan 3, 3	Pagina 36
Juan 3, 4	Pagina 36
Juan 3, 5	Pagina 37
Lucas 10, 21	Pagina 63
Mato 5, 39	Pagina 70
Mateo 16, 24	Pagina 71
Mateo, 5, 36	Pagina 75
Génesis 1, 1	Pagina 81
Mateo 10, 8	Pagina 103
Deuteronomio 4, 9	Pagina 103
Eclesiastés 3, 1	Pagina 105
Eclesiastés 3, 12	Pagina 107
Eclesiastés 3, 11	Pagina 111

2 corintios 6, 2 — Pagina 114

Samuel 3, 1-10 — Pagina 115

Mateo 14, 13-21 — Pagina 116

ACERCA DEL AUTOR

Omar Aguilar este casado con Iris Aguilar, tienen cinco hijos y viven en Dallas TX. Omar es graduado de la Universidad de Dallas en Estudios Pastorales y Teológicos, actualmente es el Director de Educación Religiosa en la iglesia Mary Immaculate en Farmers Branch, Diócesis de Dallas Texas, trabaja también para la Comunidad Católica Próvida de la Diócesis de Dallas impartiendo clase, formación y talleres en todos los temas relacionados con la dignidad de la vida y la familia. Además, es presentador en el programa "Hombres en Vivo" para Radio Católica Mundial, es contribuidor para EWTN Español TV cubriendo la Marcha por la Vida, colaborador habitual en el programa radial "John Morales en Vivo" para Relevant Radio

Ha trabajado en la defensa de la vida y la promoción de la familia en diversas partes del país, fue el coordinador nacional de Latinos por la Vida como parte de Corazón Puro, ha trabajado para la Arquidiócesis de Los Ángeles como Director Asociado de la Oficina de Paz, Vida y Justicia, ha colaborado con un gran numero de iglesias en los programas de formación de Fe y educación continua.

DISEÑADOR DEL LIBRO
Olivia Arratia

Olivia Arratia es una fotógrafa y diseñadora del sur de California cuyo trabajo se relaciona con los aspectos sociales, culturales y religiosos de la cultura hispana. Olivia es una devota católica romana que incorpora la belleza de la tradición católica y la fe en su trabajo. Ella es una estadounidense de segunda generación y su linaje familiar proviene de México y España. Los objetivos educativos de Olivia son los de construir un entorno que fomente la responsabilidad, la colaboración, la creatividad y la profundidad. Tiene un gran interés en la enseñanza y trabaja para el mejoramiento de una persona a través de la academia.

Visitar oliviaarratia.com

Made in the USA
Columbia, SC
30 August 2023